起飞，想象力！

"保卫想象力"童话写作营优秀作品集

主编 《作文总动员》编辑部
特邀顾问 王君心

大连出版社
DALIAN PUBLISHING HOUSE

© 《作文总动员》编辑部 2023

图书在版编目（CIP）数据

起飞，想象力！/《作文总动员》编辑部主编 . — 大连：大连出版社，2023.11
ISBN 978-7-5505-2020-2

Ⅰ.①起… Ⅱ.①作… Ⅲ.①作文课—小学—教学参考资料
Ⅳ.① G624.243

中国国家版本馆 CIP 数据核字 (2023) 第 209405 号

QIFEI,XIANGXIANGLI!
起 飞，想 象 力！

策划编辑：张　斌　王德杰
责任编辑：王德杰
助理编辑：杜　鑫
封面设计：王　璐
插图绘制：高敏怡　陶　唐
责任校对：李玉芝
责任印制：徐丽红

出版发行者：大连出版社
　　　地址：大连市西岗区东北路 161 号
　　　邮编：116016
　　　电话：0411-83620573 ／ 83620245
　　　传真：0411-83610391
　　　网址：http : // www.dlmpm.com
　　　邮箱：dlcbs@dlmpm.com
印　刷　者：河北浩润印刷有限公司

幅面尺寸：160 mm × 220 mm
印　　张：13
字　　数：120 千字
出版时间：2023 年 11 月第 1 版
印刷时间：2023 年 11 月第 1 次印刷
书　　号：ISBN 978-7-5505-2020-2
定　　价：55.00 元

版权所有　侵权必究
如有印装质量问题，请与印厂联系调换。电话：0317-3220409

想象力与写作

○ 王君心

这是一本由五十余篇童话组成的创意作品集。一篇篇童话犹如色彩缤纷的巧克力豆，颗颗饱满、口味纷繁，一口咬下去，无不溢满了芬芳甜蜜的想象力。孩子们的想象如风般轻灵自由，又似露珠般清澈纯粹，充满了灵性的闪光，组成了一片熠熠生辉的星空。

这些童话都来自大连出版社与书果星球联合打造的"保卫想象力"童话写作营。写作营聚焦"想象力"，启发孩子们的写作，不能不说是一项创意之举。

孩子们写作时，经常会出现把作文写成清汤寡水的"流水账"的问题。其实，这个问题并不可怕。著名儿童文学作家林良先生曾说："我对'流水账'并不抱反感，一切伟大的文学作品都是'重新组合了的流水账'织成的，问题是能不能织出'锦'来。"运用好想象力，无疑是让"流水账"变成华美亮丽的"锦缎"的重要技巧。

善用和活用想象力可以拓宽孩子们的思维空间，去更广阔的领域寻找素材，从而让作文的情节构思更新颖、更独特；可以让孩子们从更多角度、更深入地观察事物，以更准确、更鲜活的文字进行表达；可以让孩子们更深刻地体验不同人的境遇和情感，让笔下的情感流露更充分；可以让孩子们展开联想，触类旁通，举一反三，让议论文的论证举例更丰富、更具体……

以想象力为切入点，顺应孩子们不拘一格的天性，激发写作兴趣，让孩子们的写作水平更上一层楼，我想，这便是"保卫想象力"童话写作营和童话作品集《起飞，想象力！》最大的亮点。

有很多人问我，写作需要天赋吗？在读过许多孩子写的文章后，我有两个发现：其一，写作需要天赋；其二，每个孩子都有天赋，只是每个人的闪光点体现在不同的地方。

这些闪光点从这本作品集收录的童话中就能看出一二：有的孩子"脑洞"奇绝，想象大胆又不落俗套，例如《一本童话书》《声音的味道》；有的孩子擅长刻画人物，塑造的形象活灵活现，例如《水果音乐会》《风花之旅》；有的孩子是天生的诗人，文字中流淌着音乐般的韵律感，例如《偷胡须的"月亮"》……在这些闪光点的基础上加以引导，假以时日，孩子们的作品必将大放异彩。

那么，孩子们该如何挖掘自己的天赋呢？最好的办法就是多读、多写，尤其是多读。阅读可以让孩子们了解更多的创作思路和创意，也许其中就有和他们的想法类似的；阅读可以让孩子们开阔眼界，看到更广阔的世界和更多可能性，从而找到自己的兴趣所在。我想，《起飞，想象力！》一定能给孩子们带来源源不断的灵感和启发。

目录 CONTENTS

- 1 国王的冬天
- 4 会飞的狮子
- 7 金蝉小宝成长记
- 10 奥利向前游去
- 13 动物王国运动会
- 16 风花之旅
- 19 国王和宝石
- 22 蓝星星
- 25 玫瑰仙女
- 29 魔法瓶历险记
- 32 蜣螂学本领
- 35 闪闪发光的"怪物"
- 39 水果音乐会
- 42 偷胡须的"月亮"
- 45 我是一只小燕子
- 48 小汽车奇遇记
- 50 小兔子与神奇蘑菇

54 寻找快乐的种子

57 一只瓶子的旅行

60 最明亮的"星"

63 首饰人

67 魔法泡泡瓶

70 深夜的厨房

75 神奇的魔法药水

79 神奇的"沙发"

82 海棠花的选择

85 狐狸和兔子

88 花之祝福

91 健步如飞的乌龟

93 不一样的四叶草

97 声音的味道

100 玩具大冒险

104 我真羡慕你

107 小矮人的奇妙之旅

- 110　月亮上的太阳花
- 113　走错地方的雪糕棍
- 116　丑小鸭
- 119　聪明的小牛
- 122　当一颗流星划过
- 125　"快乐"银行
- 127　毛毛虫吉吉
- 130　流浪的青花碗
- 133　忘恩负义的狐狸
- 136　细菌的旅行
- 139　小柒的满月日
- 143　小兔子和小石头
- 147　走过四季的白梅
- 150　百变超人
- 153　不会发光的小星星
- 157　太阳和乌云
- 159　突突的愿望
- 162　小蜗牛的世界
- 164　小云朵的新衣裳
- 166　一本童话书
- 169　一只有梦想的碗
- 171　作业大王的惩罚
- 174　主角设定不能"崩"
- 177　"挖"个故事场景
- 184　种下时间的"种子"
- 189　画座"故事山"
- 194　大变"活"人

国王的冬天

○孙翊程

很久很久以前，有一个特别特别讨厌冬天的国王。他讨厌冬天没有绚丽多彩的鲜花，只有一望无际的冰雪；讨厌无法在冬天的河中畅游，只能缩在火炉旁打盹儿；讨厌在冬天穿厚厚的棉衣和笨重的靴子……总之，他讨厌极了冬天。

这天黄昏，国王来到冰封的小河边散步。走着走着，他看见了一朵娇艳欲滴的玫瑰。那玫瑰似乎带着太阳的光辉，光彩夺目。国王起初有些诧异——在这滴水成冰的季节，怎么会有玫瑰绽放呢？但他顾不上思考，因为已经太久没有看到白色以外的色彩，他被这一抹红深深吸引了。他快走几步凑上前，陶醉于那醉人的香气。突然，玫瑰开口说话了："我已经观察你很久了，也知道你非常讨厌冬天。我知道一个地方，那里出售的东西能让你在隆冬感受到盎然的春意。你想去吗?"

国王一听,像个孩子一样欢呼雀跃起来,立刻决定带领几名随从一同前往。玫瑰把根从土里拔出来——原来,那根就是它的脚——优雅地在前面带路。国王跟着玫瑰一路前行,眼中的风景也在不知不觉中发生着改变:从白色的冬天进入金色的秋天,又从金色的秋天来到绿色的夏天,再从绿色的夏天一头扎进彩色的春天。①他们终于到达了目的地——森林超市。

森林超市让国王大开眼界:这是一个阳光明媚的院子,里面有汩汩流动的小溪、争奇斗艳的鲜花、啄泥筑巢的燕子;在这里可以闻到丰富多样的花香、小草和泥土的气息;在这里伸手就能摸到发芽的柳条和含苞待放的花骨朵儿……更别提和暖的日光、清脆的鸟鸣,仿佛春天的所有美好都汇聚于此。看着眼前的一切,国王的心里冒出一个念头:他要把森林超市的"春天"搬回王宫。

像是猜到了国王的心思,玫瑰慢条斯理地说:"森林超市有个规定,要想购买'春天',必须用'冬天'来交换。"②

---

①在字里行间融入四季流转,仿佛在读者面前展开了一幅流动的画卷,画面感十足。
②用巧妙的设定为下文中国王的转变埋下伏笔。

国王想都没想就答应了。他尽情购物，把雪花换成迎春花，用刺骨的寒风交换和煦的春风，用打雪仗、滑雪橇等游戏换来了放风筝和荡秋千。

国王心满意足地回到了王宫，沉浸在被春色笼罩的宫殿里。谁知，没过几天他就觉得腻烦了，开始怀念亮晶晶的雪花、围炉烤火的乐趣、孩子们打雪仗的欢呼声……他这才意识到，每个季节都有它独一无二的魅力。国王诚恳地向玫瑰道歉，从森林超市换回了原本属于冬天的一切。看着窗外重新飘落的雪花，国王心想："冬天可真美！"

编辑有话说：

这是一篇奇思妙想与深远寓意并存的童话。小作者以丰富的想象力，将季节之美从大自然搬到了书页中，当你沉醉在神奇的森林超市中时，又以国王对冬天由"厌"到"爱"的转变点明四季与时序存在的意义，发人深省，意味深长。

会飞的狮子

○桂堂睿

　　一个风和日丽的早晨，小鸟在枝头歌唱，蝴蝶在空中飞舞，狮子在树下发呆。①狮子是这片草原的统治者。作为百兽之王，它一直有一个梦想——像鸟儿一样自由自在地翱翔。

　　狮子来到老鹰家里，礼貌地问："大家都夸你是草原上飞得最快的鸟。你能教我飞翔吗？"

　　老鹰疑惑极了："你连翅膀都没有，怎么飞呢？"

　　狮子拿出一对用树枝做的"翅膀"，得意地挥了挥，说："我有自制'翅膀'，肯定没问题！"

　　老鹰拗不过狮子，只好带它来到山顶。狮子将"翅膀"绑在后背上，仔细听老鹰讲解飞行的要领——如何起飞、如

---

①开篇用一句话完成氛围描写，寥寥数语便勾勒出宁静、安逸的草原美景。

何滑翔、如何降落。授课完毕，狮子迫不及待地整理了一下"翅膀"，从山顶一跃而下。

狮子按照老鹰教的方法，奋力挥动"翅膀"，闭上眼睛享受高空的气流。谁知，"自由"的感觉才维持了两秒，狮子就直直坠落，一头扎进了河里。②它不甘心，又试了一次，结果还是失败了，就连"翅膀"也被河水冲走了。

看着沮丧的狮子，老鹰安慰道："要不，我们做一对更大、更结实的'翅膀'，再试一次吧。"

狮子发动草原上的所有动物帮忙，收集了很多又长又结实的树枝，又向鸟儿们讨来脱落的羽毛，制成了一副硕大、强壮的新"翅膀"。

狮子在老鹰的鼓励下再次站到了山顶。这一次，它真的飞了起来！狮子欣赏着高空的美景，感受着贴面而过的凉风，既紧张又兴奋。

狮子成功降落以后，草原上的居民纷纷向它祝贺。它激动地紧紧抱住老鹰，又向帮助自己制作"翅膀"的动物们致谢：

---

②小作者对狮子学飞的过程描写得非常具体、充分，"闭上眼睛享受高空的气流""一头扎进了河里"等细节很有画面感，让"狮子学飞"显得很真实，更有信服力。

"谢谢大家帮我实现梦想。看来，要想成功，不仅要有毅力，还要学会开动脑筋啊！"

编辑有话说：

这篇童话非常流畅、好读，这看似简单，其实并不容易做到。小作者不但把狮子学飞行的过程写得妙趣横生，而且在字里行间描绘出草原动物和谐相处的点滴细节，既有细致的观察，又有丰富的想象。

金蝉小宝成长记

○刘家宝

小宝是一只生活在小树林里的金蝉。看似平静的树林实则危机四伏，它时刻处于危险中。有一天，一群蚂蚁对小宝发动了攻击。正当小宝手忙脚乱之际，一只蝴蝶飞来，对它说："我把你推下树。你赶紧找地方藏起来！"话毕，小宝便狠狠地摔到了地上。它顾不得浑身疼痛，赶紧钻入泥土中，这才脱离了危险。

地下的生活同样充满挑战。小宝不仅要学习寻找食物，还得在泥土里打洞、躲避天敌。虽然生活很艰难，但小宝从未放弃。它坚信自己终有破土而出重见天日的一天。

日子一天天过去，小宝渐渐长大了。它经历了一次又一次蜕皮，终于披上了金色的铠甲——这可是它防御天敌的独门武器！以后，小宝再也不怕敌人的威胁了。

夏天到了，身披金甲的小宝钻出泥土，爬到树上，完成了生命中的最后一次蜕皮。虽然比以前任何一次都痛苦，但是它做到了！重新回到树上的小宝忍不住放声歌唱。①

一只叫小艾的蜘蛛爬到了小宝身边，对它说："你好，我叫小艾。你的歌声真嘹亮。我们可以做朋友吗？"小宝欣然答应。它们每天都在一起玩耍，小宝高兴时会高歌一曲，小艾则用蛛丝作琴弦，为它伴奏。

这天，它们正在玩耍，小艾的蛛网突然猛烈地晃动起来。小艾对小宝说："我的网可能粘住了一个大猎物。你在这里等一下，我要去瞧瞧。"②小宝有些好奇，便跟着小艾一起来到蜘蛛网前。一只美丽的蝴蝶正在奋力挣扎。它那布满花纹的翅膀在阳光下闪闪发光。看到小艾过来，蝴蝶露出了紧张的表情。小宝心中一股熟悉感油然而生。它轻声问道："蝴蝶姑娘，你之前是不是救过一只蝉的幼虫？"蝴蝶此刻已经筋疲力尽，虚弱地回答道："是啊，那只幼蝉的妈妈是我的

---

①前文将蝉短暂的一生娓娓道来，让这种对读者来说既熟悉又陌生的动物形象立刻丰满起来。
②用"猛烈地晃动""大猎物"等细节为下文中小宝解救救命恩人埋下伏笔。

好朋友。它遇到危险，我怎么能置之不理呢？"

小宝的眼里不由自主地泛起了泪花："蝴蝶阿姨，我就是您之前救过的小宝啊！"蝴蝶也流下了泪水，颤抖地说："孩子，你长大了，成为真正的蝉了。你妈妈会为你骄傲的。"

小艾听了它们的对话，十分感动："蝴蝶阿姨是你的救命恩人，我怎么能伤害它呢？"说完，小艾干净利落地割断蛛丝，将蝴蝶放了下来。

蝴蝶得救了。临走前，它郑重地感谢了小宝和小艾。小宝和小艾也非常高兴。它们决定改天一起去拜访蝴蝶，为它唱一首最动听的歌。

编辑有话说：

这篇童话中蕴含着许多与蝉相关的小知识。小作者发挥丰富的想象，详细描写了小宝的成长和交友过程，并随着故事情节的层层递进，以温情的笔触道出了"坚持"和"感恩"的意义，令人读后回味无穷。

奥利向前游去

○张克清

从前，有一条可爱的小蝴蝶鱼，名叫奥利。它日复一日地在家的周围游来游去，无聊极了。

一天，它想起了儿时的玩伴——小蓝调，很想去找它。可是，奥利既不知道它住在哪里，也不知道它变成了什么模样，只记得它的歌声十分美妙。

奥利游过一座座美丽的珊瑚礁，遇见了一头小鲸鱼。它忙游上前，礼貌地问道："小鲸鱼，你会唱歌吗？"

小鲸鱼摇了摇脑袋，说："我不会唱歌，但我能喷出世界上最漂亮的水柱。"说完，它铆足劲儿，喷出了一道又高又大的"喷泉"。

奥利继续往前游，不小心闯入了一支热带鱼的队伍中。它慌乱地游出来后，与一只小海豚打了个照面。奥利赶紧问：

"小海豚，你会唱歌吗？"

小海豚露出了微笑，说："我不会唱歌，但是我有最灵动的舞姿。"说完，它扭动身体，跳起了优雅的芭蕾舞，引得周围的鱼儿纷纷看过来。

奥利继续向前游去，躲过了一处惊险的暗流漩涡。这次，它遇见了海底医生——裂唇鱼。它恭敬地问："鱼医生，您会唱歌吗？"

裂唇鱼严肃地看着奥利的眼睛回答道："我不会唱歌，但是我的医术十分高明。"它本想展示一下，但碍于身边没有患者，只得作罢。

奥利又游过一个神秘的洞穴。这时，一条小虎鲨吸引了它的注意。"小虎鲨，你会唱歌吗？"

小虎鲨有气无力地说："我不会唱歌。我现在什么都做不了，因为我生病了。"①

奥利想起了裂唇鱼，便赶紧带着小虎鲨去它的诊所。裂唇鱼仔细检查了小虎鲨的身体，然后精心地治疗了一番，温柔地安慰它道："别担心，你会好起来的，小虎鲨。"

在小虎鲨的连声感谢中，奥利再次向前游去。虽然还没

---

①排比段的运用让故事结构明了，读起来极具节奏感。

找到小蓝调，但奥利感到充实又快乐。也许，认识新朋友和帮助他人让这趟寻找之旅有了很多特别的意义……

编辑有话说：

这是一篇想象力十足又温暖可爱的童话。如散文一般的句子带给读者美的阅读感受；哲理的融入无比自然，水到渠成。

动物王国运动会

○杜君泽

一大早，太阳公公刚揉着眼睛探出头来，就发现整个森林被装饰得五颜六色，鲜艳的气球和彩带飘在空中，树上还挂着红色的横幅。许多小动物穿着印有数字的衣服围在一起。太阳公公想起来了，今天是动物王国一年一度的运动会呀！①

参赛的小动物们早就做好了准备，要发挥出最好的水平。

第一个项目是小兔赛跑。枪声一响，5只小兔子铆足了劲儿，"唰"地一下冲了出去。看啊，5号选手超过了4号，1号则超过了3号。眼看1号选手要率先冲到终点，2号选手突然加速，纵身一跃冲过了终点线。太棒了，冠军诞生了！

第二个项目是大象射击。4头健壮的大象用鼻子卷起筐

---

①开篇以太阳公公的视角带读者走进森林，将森林的环境展现在读者眼前，既有新意，又趣味十足。

里的苹果，瞄准发射。1号选手的成绩是8环；2号选手一紧张打歪了，只获得了5环的成绩；3号选手则气定神闲地打出了9环的好成绩。看到前面选手的发挥，4号选手深深吸了一口气，用耳朵测试风向，再瞄准靶心，用力地将苹果射了出去。10环！4号选手打出了10环的好成绩，赢得了胜利。

第三个项目是猴子爬树。3只小猴子在树下蹦蹦跳跳，跃跃欲试。小鹿裁判先示意选手们安静，才吹响比赛开始的哨声。3只小猴子像蜘蛛侠一样灵活，踩着树枝跳得很高。1号小猴子在空中翻了个跟头，还不忘抓住树枝借力，像射出去的箭一样快，轻轻松松便夺冠了。②

终于到了大家最期待的格斗比赛。两只高大威武的大猩猩并排出场：一只是曾经打败过公熊的乔治；另一只是三届冠军大山，强壮的水牛和袋鼠都曾是它的手下败将。观众们呐喊着选手的名字，给它们加油助威。这时，表示比赛开始的铜锣声响了起来。观众席安静下来，大家紧紧盯着乔治和大山，生怕错过精彩瞬间。

大山抢先使出一记左勾拳，随后踢向乔治。乔治左闪一下，

---

②小作者略写三场比赛，渲染激烈的运动会氛围，为下文的格斗比赛做好铺垫。

右躲一下，连连败退，被大山逼到了擂台的角落。它一边防守，一边寻找大山的破绽。突然，乔治发现大山脚步不稳，猛踢向大山的腿，令大山疼得站立不稳。乔治立刻反击，左勾拳、右勾拳、组合拳……打得大山抬不起头来。大山一时不察，被乔治踢倒在地。小鹿裁判立刻开始计时，观众也跟着数了起来："……7，8，9，10。"

大山没能站起来，乔治成了新的格斗冠军！"乔治，冠军！"小动物们欢呼起来，祝贺乔治打败了强大的大山。

隆重的颁奖仪式开始了。获胜的动物站在高台上，向观众们挥手致意。台下的动物们蹦啊，跳啊，喊得嗓子都哑了。就连这次没有参赛的小猪都说："大家努力拼搏的样子真帅。明年我也要参加运动会！"

编辑有话说：

小作者发挥想象力，写出了他心中的动物运动会。整篇童话条理清楚，结构清晰，让读者的心情跟着运动健儿们起起伏伏，虽然用文字书写，却像电视转播一样真实、生动。读者仿佛置身赛场，观看了一场激烈的体育赛事。

风花之旅

○张邹梓童

"呼！又解决掉一头魔兽。最近求救信号越来越多，我都要忙不过来了……"一名手持弓箭、留着淡粉色头发的少女说道。

"去下一个目标点吧，咪儿家的鱼干又被野猪偷喽！"一名蓝色短发、长着猫耳朵的少年回应道。他的手里拿着整个森林最强大的武器——风之剑。

他们是这片森林的守护者，少女叫花，少年叫风。说完，两人一起飞向下一个目标点：小猫咪儿家。

风和花来到咪儿家，打退了抢食物的野猪。他俩刚想休息一下，就见狸猫太太惊慌失措地跑来。"不好啦，不好啦！风龙又来抓人啦！快帮帮我们吧……我的孩子被风龙抓走了！"狸猫太太指着森林边缘，颤抖着向风和花求助。

"风龙？上次不是已经被我们除掉了吗？"花有些害怕。风龙生性凶残，不少动物都惨遭它的毒手。上次，花和风费了好大力气才把它打败。

"难道……风龙不止一条？"风顾不上多想，拉起花的手就飞向森林边缘。①

森林边缘飞沙走石，吹得人几乎睁不开眼。"……你们终于来了！今天，我就要把你们守护的这些家伙全都吃掉！"风龙得意地说。它那巨大的翅膀遮天蔽日，轻轻一扇就掀起大风。它周身弥漫着尘土，看起来灰突突的，唯有一双眼睛和背后的宝石闪着蓝色的光。它张着血盆大口，抓起小松鼠就要往嘴里送。

"咻——"就在这千钧一发之际，一支利箭飞出，正中风龙抓小松鼠的爪子。原来是花！

"救命啊——"小松鼠掉了下来，花急忙飞过去将它接住。

风趁风龙吃痛，飞到它背后，举起风之剑对着那颗蓝宝石狠狠一击——那里正是风龙的要害。"锵！"宝石碎了，风龙大吼一声，巨大的身体轰然倒下。

---

① 节奏紧凑，通过一个接一个的麻烦体现出主人公忙碌的日常，呼应文章开头"最近求救信号越来越多"的描述，也为后文埋下伏笔。

"不——"风龙不甘地吼着。逐渐黯淡的目光中却透露出一丝狡黠的神色。风龙终于被风和花合力击败了，小动物们欢呼雀跃起来。第二天，森林的空地上布置得满满当当，有彩色的气球、双层大蛋糕和灯光璀璨的舞台。为了庆祝风龙被打败，几乎整个森林的居民都来了。风和花虽然对风龙再次出现这件事心存疑虑，却无法拒绝居民们的盛情邀请。"为了森林的平安而竭尽全力！"大家齐声欢呼。

此时，谁也不知道，森林边缘那堆散落的蓝色宝石碎片正散发出幽幽红光……②

编辑有话说：

这篇童话开门见山，通过人物对话和描述直接交代了背景和主人公的形象，让读者立刻被带入故事情境中。结尾的一句话更是让读者产生无限遐想，森林魔兽频频出没的原因是什么？风龙会再次复活吗？或许在每个读者的想象中，不一样的故事正在上演。

②一边是热闹庆祝的森林居民，一边是出现异象的风龙宝石，强烈的对比在增加画面感的同时，也为开放式结局留下了线索。

国王和宝石

○崔栋豪

"丁零零！"12点的闹钟准时响起，女仆将热气腾腾的烤鱼送到餐厅。路易斯国王坐在餐桌旁，拿起精致的刀叉，开始享用午餐。

只听"嘎嘣"一声，国王的牙齿被硌成了两半——鱼腹中居然藏着一颗宝石！①国王取出宝石仔细端详，发现它并无特别之处，不禁垂头丧气地说："唉，要是我的牙齿能恢复如初就好了。"这时，一道光闪过，国王的牙齿竟奇迹般地复原了。国王纳闷极了，询问周围的侍卫："你们看清刚才发生了什么事吗？"侍卫们纷纷摇头。

国王思索片刻，试探着说了一句："我想让王宫的草地

---

①关键道具宝石出现，激发读者的好奇心，起到凝聚故事、串联情节的作用。

开满鲜花。"话音刚落，园丁跑进了餐厅，一脸惊讶地向国王汇报："陛下，我刚刚在花园中除草。谁知，一眨眼的工夫，草地上就凭空出现了好多美丽的鲜花！"这下，国王可乐坏了，心想：我的猜测没错，那颗宝石果真能帮我实现愿望。他当即对宝石许愿道："神奇的宝石，请让王国的百姓过上更好的生活吧！"接着，国王吩咐侍卫驾驶马车，带自己跑遍国都的大街小巷。看到百姓们不再为生活发愁，他高兴极了。

有一天，国王把宝石遗落在小王子的寝宫里。睡前，小王子无意中抱怨道："要是这世上没有烦恼该多好呀！"宝石再次闪耀……就这样，百姓们没有了烦恼，也失去了学习、生活的动力，整日虚度光阴。路易斯国王很快意识到了这个问题——都是宝石惹的祸！[②]他向智者请教，寻求解决之法。智者告诉他，只有将宝石扔进大海，才能终止混乱。于是，国王拿起宝石，对着一望无际的大海用力一抛——宝石落入海中，涟漪中升起缕缕青烟，飘向远方。

然而，王国的百姓还是没有任何改变。国王日思夜想，终于想出了一个办法。第二天，一纸谕令自王宫发出：源自

[②]这一切真的是宝石惹的祸吗？你认为路易斯王国为什么会变得混乱无序？

宝石的馈赠是有保质期的。谁能从大海中捞起那颗神奇的宝石，便可以过上无忧无虑的生活。消息一出，人们纷纷驾船前往。船只愈行愈远，王国的航海技术也随之提升。百姓们有了新的目标，路易斯王国也恢复了往日的繁华。

"那颗宝石去哪儿了？"小王子坐在父亲的膝头，好奇地问道。"谁知道呢？"路易斯国王神秘一笑，抱起儿子走向热闹非凡的港口。

编辑有话说：

这是一篇新奇有趣的童话。小作者幻想如风，以平实的语气将一个设定简单的故事娓娓道来。在故事的结尾，国王把宝石扔进大海，虚幻的富饶、混乱皆随青烟远去，百姓们也有了新的目标，依靠自己的双手过上了更好的生活。读完，我们不妨猜猜看，路易斯王国的未来会变成什么样子呢？

蓝星星

○姚景曦

"外婆,我想看星星。为什么我们总是看不到星星呢?"阿瑶跟外婆撒娇。

外婆点点阿瑶的鼻头,笑着说:"等你长大就能看到星星了。"①

鲁滨海域有一座小岛,阿瑶和她的外婆就住在这里。这天,阿瑶像往常一样在海边捡拾海螺,感到疲惫的时候,便直起腰眺望远方。与往常不同的是,她发现了一条大鱼——比她见过最大的树还要大!大鱼倚在礁石旁边,巨大的躯体随呼吸的节奏微微起伏。

阿瑶踌躇半晌,慢慢向大鱼走去。她看到大鱼身上一道长长的伤口,小心翼翼地问:"你……你是谁?你还好吗?"

---

①用对话作开头,为莎莎帮阿瑶实现愿望埋下伏笔。

大鱼费力地睁开眼睛，虚弱地回答："我是蓝鲸莎莎。我受伤了。"

阿瑶安慰道："别担心，我帮你疗伤。"她在随身的小布包里挑挑拣拣，拿出一个四四方方的小油纸包，捏出一撮药粉，轻轻撒在莎莎渗血的伤口上。②阿瑶并没有太大把握，好在血很快就被止住了，莎莎也不再因疼痛而颤抖。

阿瑶这才长舒一口气，笑着自我介绍："我叫阿瑶，很高兴认识你。"

莎莎感到疼痛一点点消失，感动极了。它朝天空喷起巨大的水花，说："阿瑶，太阳落山后，请在这里等我。"

夜晚，莎莎载着阿瑶来到开阔的海面，对她说："阿瑶，等我数完三个数，你再睁开眼睛！"只见莎莎灵活地摇晃身体，喷出无数颗蓝色的星星。它越喷越多，整个海面都被星星照亮。

阿瑶睁开眼，激动地大喊："是星星，我终于看到星星了！"原来，莎莎听到过阿瑶和外婆的对话。虽然她们没有真正认识，可莎莎早就把阿瑶当成了朋友，才会在受伤后向她求助。

无数蓝星星一闪一闪地冲阿瑶招手。她似乎望见了妈妈

---

②用一连串的动词生动描写出阿瑶为莎莎治伤的过程。

温柔的笑脸，根本不舍得眨眼。激动的泪珠顺着脸颊滑下。渐渐地，渐渐地，蓝星星变成了水滴，消散了。

编辑有话说：

小作者不着痕迹地使用了许多比喻和拟人的修辞手法，还灵活运用了语言、动作、神态和心理描写，让人不由得对天真善良的阿瑶和蓝鲸莎莎心生好感。整篇童话都充满着诗意的浪漫，太棒啦！

玫瑰仙女

○李文青

一个小男孩正在森林里寻找着什么。

他有一双水汪汪的大眼睛、修长的双手和一只小巧玲珑的鼻子，非常可爱。他叫约翰，是一名园丁，从小就有一个美好的愿望：让世界更美丽。①

这日，他和往常一样，在森林中寻找玫瑰仙女。据说，她能将世界变成花的海洋。约翰来到一个湿漉漉、阴森森的石洞。他小心翼翼地走呀走呀，突然感到眼前一亮，一片玫瑰花丛映入眼帘。花瓣娇艳欲滴，约翰的心仿佛要跳出胸口。他按捺住激动的心情，缓缓靠近花丛。

只见花丛中一株硕大的玫瑰一开一合，周围的空间也随

---

①开头交代故事的起因，从"让世界更美丽"这一愿望出发，展开主人公一系列神奇的经历。

之扭曲、变形。约翰轻轻触碰花瓣，顿时感到一阵眩晕，被传送到了另一个世界。约翰四下打量，发现目光所及之处皆是一派荒凉的景象，身边不知何时多了一个陌生人。他连忙问道："这是什么地方？"

陌生人答道："这是我生活的星球。如你所见，这里无花无树，只有一望无际的野草。玫瑰仙女说，她会选一名优秀的园丁帮助我们，让这个星球重新开满鲜花。你就是那个园丁吗？"

约翰一听，高兴得不得了——自己竟然被玫瑰仙女选中了！他心想：我一定不辜负玫瑰仙女的信任，把这个荒凉的星球变成花的海洋。

约翰受到了国王的盛情款待。席间，国王道出了这个星球没有花的原因：原来，这曾是一个盛产鲜花的星球，土壤肥沃、气候宜人，一年四季百花齐放，美不胜收。然而，人们渐渐对此习以为常，不再觉得这些美丽的植物珍贵，也不用心打理花园，甚至随意践踏花朵。

后来，一名魔法师路过这里，被星球上的美景震惊。他拿出自己精心培育的黑色玫瑰请国王鉴赏。没想到年轻的国王十分傲慢，不仅对魔法师的赞美视若无睹，还嘲讽他的黑色玫瑰丑陋，还不如路边被踩进泥土里的花。

魔法师被国王的话激怒，施法毁掉了星球上的所有花朵，还让人们失去了种花的技能，将鲜花星球变成了荒漠星球。国王和居民们这才幡然醒悟，可惜为时已晚。②

约翰看着垂头丧气的国王，下决心帮他一把。他不知道自己有没有能力破解这个魔法，但他相信，精诚所至，金石为开。他带领星球上的人从头开始学习种花，就像刚开始学习走路的孩子一样，从松土、撒种、浇水开始学起。

约翰指导他们仔细地翻土，让土壤变得松软；在合适的时间将种子种下，顶着烈日施肥、锄草、灭害虫。居民们的脸晒得通红，汗水滴进土里，却不觉得累。没过多久，玫瑰芽破土而出，大家兴奋地欢呼起来，更加悉心地照料花苗。在居民们的悉心呵护下，玫瑰一天天长大，最终成片成片地盛开，有鲜红色的，也有粉色的、绿色的、紫色的和白色的……整个星球变成了玫瑰的海洋。人们高兴得手舞足蹈，举办了盛大的晚会庆祝星球获得重生。看着这一幕，约翰感到十分欣慰。

---

②魔法师的出场将故事推向高潮。这个"反派"看似施展了毁灭性的魔法，却也唤回了人们缺失的爱花之心。

晚上，约翰做了一场梦。梦中，美丽的玫瑰仙女出现了。她告诉约翰："魔法师之所以愤怒，是因为国王和居民不懂珍惜。唯有对花朵的爱惜之情、汗水和真心的期盼才能破解这一魔法。你用自己对花朵的热爱和对美好世界的向往之心帮助大家重新找回了种植花朵的初心，破解了魔法，做得非常棒！你愿意和我一起把美丽的花播种到更多地方吗？"这不正是自己一直以来的梦想吗？约翰高兴地答应了。

第二天，人们发现约翰不见了。为了纪念他，国王在宫殿前的广场上建造了一座雕像，感谢他为这个星球重新找回了美丽的花朵。

约翰去哪儿了？他正忙着在一个又一个星球上传授种花技能、撒播花种，将玫瑰仙女的传说变成美丽的现实呢。

编辑有话说：

这是一个追求美好的人们找回初心的故事。正是对美好事物的追求，令原本想向玫瑰仙女寻求帮助的约翰，成了在各个星球栽种鲜花的精灵。让世界变得更美丽的或许不是玫瑰仙女，而是拥有美好愿望的人们。

魔法瓶历险记

○雷静怡

从前,有一座被黑暗女巫控制的小镇。女巫将世间的美好封印在瓶子里,试图将它们变成黑暗魔法瓶。这天,空中飘着黑压压的乌云,人们或愤怒或悲伤地走在路上。①"呼啦……"女巫又在对瓶子施展黑暗魔法了。"砰"的一声,她失败了,怒气冲冲地将瓶子扔在一旁,离开了房间。

魔法瓶布布就这样被丢回了堆积如山的魔法瓶中。它暗暗发誓:"我一定要逃出去。""你出不去的。"一个低沉的声音传来。布布循声发现了一只老瓶子。对方自我介绍道:"我是老杰克,已经在这里待了十五年。"它的声音充满沧桑,却十分亲切,让布布放下了戒备。"您为什么这么说?"老杰克压低声音,告诉布布:"女巫想制作出黑暗之瓶,控

---

①开篇点出小镇被黑暗笼罩的场景,侧面衬托出女巫的魔法之强。

制整个世界。所有试图逃跑的瓶子都会被她打碎。"

布布还是决定试一试。老杰克见它十分坚定，便用仅存的魔法把布布送出了女巫的房子，自己却被女巫的束缚魔法困住，动弹不得——瓶中的魔法只能作用于他人。布布看着被困的老杰克，发誓要让美好和光明重回小镇。②

布布踏上了寻找打败女巫方法的路。一路上，它用魔法为胆怯的女孩注入勇气，让老奶奶重见光明，帮小兔子找到回家的路，还拯救了被垃圾袋困住的海龟……就这样，布布体内的魔法越来越少，小镇却恢复了点点光亮。

就在布布的魔法所剩无几时，气急败坏的女巫找到了它，把它狠狠摔向地面……布布绝望极了，想到整个世界即将被女巫控制，便竭尽全力向四面八方释放仅存的善良魔法。

"布布，醒醒……"一片混乱中，布布隐约听到了一个熟悉的声音。它揉了揉眼睛，看到了老杰克。"我是不是被女巫抓住了？"布布为没能打败女巫而遗憾。谁知，老杰克轻轻敲了一下它的脑袋，微笑着让它看看周围的景象。布布抬起头，看见了温暖的阳光洒满小镇，每个人脸上都满是幸

---

②小小的魔法瓶真的能打败女巫吗？正派与反派之间的力量相差悬殊，让人不禁为主角接下来的经历揪心。

福的笑容——小镇恢复了往日的温馨。

原来，布布释放出的善良魔法唤醒了剩下的魔法瓶，也召唤来了它帮助过的人。魔法瓶们齐心协力，将善良魔法洒向四面八方。渐渐地，越来越多的人受到光明的感召，团结起来打败了女巫，驱散了黑暗。就这样，大家开心地生活在小镇中，再也不用害怕女巫的黑暗力量了。

编辑有话说：

如何能引发读者的阅读兴趣？或许，你可以像小作者一样构思能力相差悬殊的正、反派角色，设置足够的悬念，加上一波三折的情节，让读者沉浸在故事中，跟随主角一起冒险哟！

蜣螂学本领

○陈彦诺

皎洁的月光倾洒而下，夜，静了。丛林中的动物都沉浸在一个个美妙而甜蜜的梦中。只有它辗转反侧，久久不能入眠。

它是昆虫家族的一员，身披黑色铠甲，头上悬挂一面"扇"，长着三对足，看似威风凛凛，却干着不太风光的差事——打扫动物粪便。没错，它就是蜣螂，全身臭烘烘、脏兮兮的蜣螂。①

这个孤独的小家伙居住在丛林角落，不敢与别的动物交流，生怕遭人嫌弃。但没关系，风、花、雪、月是它最好的伙伴。

忽然，森林里点起了几盏"小灯"，一闪一闪发出点点荧光，驱散了蜣螂的倦意。蜣螂决定去看看是什么在发光。它一点一点靠近光源，对着忽闪忽闪的光亮几乎入了迷，不知不觉

---

①开局十分精巧、引人入胜，通过对比和外貌描写，引出故事的主角——蜣螂。

间走到了一株薰衣草旁。

"是谁在那里呀？"看着透光的紫色花瓣，蜣螂好奇地问。只听花瓣中一阵窸窸窣窣，萤火虫弟弟的脑袋露了出来。它轻轻落到蜣螂身边，问道："蜣螂哥哥，找我何事？"

蜣螂下意识后退几步，不好意思地说："我想学发光。这样就可以把身边照亮，帮助迷路的小昆虫找到回家的路。"

萤火虫爱莫能助，用遗憾的语气说："很抱歉，蜣螂哥哥。我们天生就会发光，我不知道怎么把这个本领教给你。"

蜣螂叹了一口气，转身回到了草丛中。它暗暗下定决心：明日我再去请教别人，学得一身好本领，为大家带去欢乐。

第二天，当晨雾尽散之时，蜣螂出发了。它来到了一片香气四溢的花海。在这里，一切都是那么令人陶醉。这时，一只蝴蝶拍动着美丽的翅膀，缓缓飞起，轻盈而优雅。

蜣螂羡慕地问道："蝴蝶妹妹，你能教我如何飞舞吗？这样我就可以为大家表演舞蹈了。"

小蝴蝶微微一笑，摇了摇头，说："很抱歉，蜣螂哥哥。我们天生就会飞舞，我不知道怎么把这个本领教给你。"蜣螂不死心，摘下几片花瓣，沾了点儿露水，将花瓣粘在自己的后背，学着蝴蝶慢慢起飞——背上的花瓣在阳光照耀下绚烂极了。谁料，一阵狂风袭来，吹得蜣螂晕头转向，身上的花瓣也散落一地。②

没有好本领，大家不会喜欢我了。想到这里，蜣螂伤心地哭了起来。这时，小蜻蜓和小蚂蚁急匆匆地赶来："蜣螂哥哥，原来你在这里！你不在的时候，丛林里臭气熏天，你快回来吧！"

蜣螂擦干眼泪。它突然意识到，原来自己是有本领的。而且，它的本领是被大家认可、需要的，大家并没有嫌弃它。

在蜣螂的努力下，丛林恢复了以往的干净、整洁，蜣螂也不再自卑，与朋友们和谐相处，丛林里一片祥和。

编辑有话说：

小作者用优美、生动的文笔讲述了一个发生在森林里的童话，告诉人们"天生我材必有用"。整篇故事也弥漫着森林的恬静与清新，灵气十足。

---

②故事的转折十分自然，合理地过渡到下文。

闪闪发光的"怪物"

○楼思妍

在泛着波纹的海面上，小海龟米卡悠闲地穿梭在鱼群中。突然，不远处一个闪闪发光的东西吸引了它的目光。米卡快速游过去，想一探究竟。

米卡围着这个神秘的"怪物"左看右看，发现它上面有个小洞，就好奇地钻了进去。谁知，它刚钻进小洞，这个"怪物"就翻了个大跟头，一下子罩住了米卡，变成了一个密闭的透明大帐子。米卡这才意识到——这不就是妈妈口中那危险的塑料袋吗？它试图寻找那个小洞，却怎么也找不到，无论如何挣扎都摆脱不了这个透明的"怪物"。

精疲力竭的米卡唉声叹气道："我好后悔，真不该钻进来。谁能救救我呀！"这时，米卡身后传来了一阵嘲笑声。

"哈哈哈，真是只愚蠢的小海龟！"一只大水母摆动着长长的触手游了过来,"你可真是没见过世面,活该你倒霉。"说着,它就哼着小曲游走了,只留下无助的米卡满眼泪光。

米卡在"怪物"身体里左突右撞,试图逃脱。可凭它那微小的力量就算冲撞一千次、一万次,"怪物"依旧毫发无损。米卡独自随波逐流,被"怪物"裹挟着漂了一路,也挣扎了一路。这一路上,它遇到了很多"怪物"的同类。①

炙热的阳光透过"怪物"把米卡的背壳晒得滚烫。它昏沉沉地转动脖子,望向头顶的大太阳,又看了看无边无际的海洋,视线逐渐变得模糊……

不知漂了多久,迷迷糊糊的米卡醒了过来。它用微弱的声音对着茫茫大海呼喊:"谁来救救我呀,谁来救救我呀……"这一声声的呼喊没能引来救援者,却把饥肠辘辘的海鸟引了过来。这只凶恶的海鸟用尖锐的长嘴啄向米卡,米卡赶紧挣扎着躲开。

米卡就这样在透明"怪物"里困了一天一夜。昏睡中,它被一个声音唤醒:"嘿,小海龟,快醒醒。"米卡揉了揉眼睛循声看去,一条大眼睛的红色小丑鱼正望着它。米卡大

---

① 语言精练、生动,描写出了海洋被塑料垃圾污染的触目惊心的画面,读来仿佛身临其境。

叫道:"快救救我吧!我被困在这'怪物'里好久了。"小丑鱼用力撕咬"怪物",用尾巴拍打"怪物",但它的力量在"怪物"面前显得微不足道。无计可施的小丑鱼只能无奈地游走了。米卡望着它的"救星"渐渐远去的背影,顿时心灰意冷。②

阳光依旧那么毒辣,海风依旧像往常那样吹着,米卡已经没有力气再挣扎了,它彻底绝望了……

谁知,希望很快伴随着那条小丑鱼而来——它领着一群小丑鱼游了回来。米卡不敢相信自己的眼睛,小丑鱼们围成一圈,用力撕咬着"怪物",齐心协力拯救着米卡。看着"怪物"一点儿一点儿被撕咬得千疮百孔,米卡又燃起了生的希望。它找准一个小洞口,用尽全身的力气奋力一顶,将"怪物"的身体撕出了一道长长的口子。米卡也一头撞了出来,回到了海中。

米卡终于摆脱了火热的太阳和那噩梦般的"怪物",再次感受到了海水的清凉。等它缓过神来,还没来得及好好道谢,

---

②熟练运用动词来展示画面,用"撕咬"和"拍打"这两个动作描写小丑鱼奋力营救米卡的过程。

那群小丑鱼早已没了踪影。

　　米卡抬头望了一眼海面上那群闪闪发光的"怪物"，毫不犹豫地转身朝大海深处游去……

编辑有话说：

　　这是一篇精彩的"小海龟求生记"。小海龟米卡从遇险到获救，一直让读者为它捏着一把汗。虽然最后米卡获救了，但在故事结尾，我们能感受到它复杂的心情。保护海洋和每个人息息相关，希望每一个"米卡"都能生活在湛蓝的大海中。

水果音乐会

○管章彰

在世界的某个角落,有一个神奇的水果农场,里面长着各种各样的水果:苹果、梨、桃子、葡萄、西瓜、香蕉……总之,所有你能想到的水果都能在这里找到。

水果们快要成熟了,农夫却开心不起来。"最近下了好多场雨,水果喝水太多,影响了甜度,这可怎么办?"农夫从树枝上捉下一只毛毛虫,忧心忡忡地说。

水果们也不开心。一是因为喝水喝得肚皮疼,二是因为——阴沉沉的天气也太让人烦躁了!

被誉为"智慧果"的苹果晃了晃头顶上的叶子,提议道:"我们来开一场音乐会吧!"

"好!""太棒了!""可把我闷坏了……"水果们立马行动起来:有的"咿咿呀呀"吊嗓子,有的歪七扭八地练舞,

还有的从树洞里掏出乐器调试音准……①

夜幕降临，苹果纵身一跃，从苹果树跳到农场中心的石桌上——这是水果们共同选定的舞台。它卷起叶子吹出清亮的哨声，仿佛集会的号角。水果们不约而同地从四面八方聚集而来。

音乐会的发起者兼主持人苹果穿了一身淡粉色的西装，显得活力十足。它清清嗓子，念出了早就准备好的开幕词："为了我们的快乐，为了农夫的笑容，我宣布，水果音乐会现在开始！"

第一位表演者是香蕉先生。它在菠萝小姐的帮助下搬来一架微型钢琴，优雅地弹奏起来。一曲优美的《致爱丽丝》从它的指尖流出。水果们听得如痴如醉，跟着旋律摇头晃脑。

"咚咚咚！"西瓜先生也不甘示弱，拍着肚皮跳起了肚皮舞，节拍激昂又欢快。水果们也跟着一起载歌载舞。月亮驱散了阴云，换上轻薄的白云，跟着节拍摇摆。②

接着，穿着紫色连衣裙的葡萄小姐跳起了新疆舞，摇脖、

---

① 音乐会前的准备工作描写得十分生动，活跃、欢快的氛围跃然纸上。
② 暗示水果音乐会为果园带来晴天，与结尾相照应。

晃肩、扭胯，每一颗葡萄粒都跟着它的舞姿抖动。曼妙的舞姿让观众们如痴如醉，收获了最热烈的掌声！

火龙果跳了一支热辣的霹雳舞，石榴家族带来一首大合唱，牛油果抱着吉他边弹边唱，一曲悠扬的民谣让水果们仿佛置身于美丽的边陲小镇……每一种水果都有自己的绝活儿，它们唱啊跳啊，出了很多汗。虽然有点儿累，但美妙的音乐却让它们心里甜滋滋的。

当农夫披着清晨的霞光走进农场，一眼就看到了因为太累而睡了一地的水果们，只好将它们一个个放回原位。

"奇怪，为什么水果们的味道好像更甜美了？"农夫百思不得其解，但看着冉冉升起的朝阳，他高兴地感叹道："今天真是个好天气呀！"

编辑有话说：

这篇童话情节简单，用简洁流畅的文字勾勒出一幕幕妙趣横生的场景，读完让人会心一笑，仿佛忘却了生活中的烦恼，给人一种"治愈感"。水果们的音乐会能驱散阴云，也让农夫重绽笑颜。

偷胡须的"月亮"

○杨沛雅

很久很久以前,在浩瀚的宇宙里,没有月亮,也没有星星,只有一个爱睡觉的太阳。

那些散落在泥土中大大小小的石头时常仰望宇宙。它们觉得自己太黑,太普通,也想像太阳一样,变得明亮又光彩夺目。

于是,有一天,它们搭着太阳的阵阵呼噜声爬上了高高的天空。①它们趁太阳呼呼大睡时,偷偷地靠近,用头上的角一点儿一点儿地割掉太阳的胡须,然后把胡须一根一根地插在自己身上。果然,小石头们发出了夺目的光芒。它们看着彼此,欣喜若狂,当下便给自己取了一个新的名字,叫作"星星"。

可是,有一颗石头却不满足,心想:为什么我们不能像

---

①文字描述与奇妙的想象结合得非常巧妙。

太阳一样，那么大、那么圆呢？于是，它独自跑到太阳的住处，用自己头上的角割下了一些长胡须，然后把这些胡须一根一根地打成小结，穿起来，把自己缠住。就这样，这颗石头变得像太阳一样圆溜溜了。可它还是太小，与太阳相比还相差十万八千里呢！

这时，小石头灵机一动，又想到了一个办法。它召唤所有石头，说出了自己的伟大计划，并获得了其他石头的赞同。于是，它们把自己割来的大部分胡须连接在一起，再把长长的胡须组成了一个大大的圆。然后，石头们你挨着我，我挨着你，手拉着手跳进了这个大大的圆里。这一次，它们给这个大大的圆取了一个名字——"月亮"。那些没有参与此创举的石头则还是"星星"，继续过着自由自在的生活。

石头们怕太阳发现它们偷走了它的胡须，一到白天就躲在太阳的背后。等到晚上，太阳睡着了，石头们才聚在一起，变成"月亮"，陪伴宇宙。②

有时，一些调皮的"星星"出去玩，忘记回来，"月亮"就会缺一角；有时，"月亮"也会像太阳一样圆，一样明亮，照亮半个宇宙。③

编辑有话说：

小作者运用非凡的想象力，为月亮和星星的诞生创造了一个"背后的故事"。原来，"月亮"和"星星"都是普通的石头发挥聪明才智变成的！

小作者文采出众，例如多次采用反复的句式："没有月亮，也没有星星，只有一个爱睡觉的太阳""它们觉得自己太黑，太普通"，以及最后一段的"有时……有时……"，字里行间流淌着音乐般的韵律感。

---

②用词简洁而精准，比如"陪伴"一词就带有情感上的力度，让文字描述饱满而有活力。
③想象能够自圆其说，合理地解释了月盈月亏的自然现象，为茫茫宇宙增添了一份浪漫的诗意。

我是一只小燕子

○陈霏

"小燕子，穿花衣，年年春天来这里……"听着悠扬的童谣，我睁开了蒙眬的睡眼，发现自己正趴在一个燕窝里，身边还围着几只小燕子！这是怎么回事？我低下头一看——自己竟穿着"燕尾服"，成了一只小燕子！

震惊之余，我听见燕姐姐说："爸爸妈妈一会儿就带食物回来了。吃完饭，它们就带我们进行第一次飞行。"我听到"飞行"二字，兴奋地拍动翅膀，将刚才的惊慌忘得一干二净。

这时，燕爸爸和燕妈妈轻轻地落在燕窝边缘，温柔地看着我们，然后将嘴里的小虫子分给大家。小燕子们张大嘴巴叫着"给我，给我！"我很想拒绝"虫子餐"[1]，但最后还是吃了，因为吃饱了才能飞得高。

---

[1] "燕尾服""虫子餐"等词既形象生动，又富有童趣。

"飞行时一定要跟紧我们，不能乱飞。"燕爸爸语重心长地说。这语气跟我出门前爸爸妈妈叮嘱时的一模一样。"茂密的树林很危险，因为坏人会在那里布下我们看不见的网，一旦被缠住就难以挣脱。"听了燕爸爸的话，我的心一紧。

终于，我们要体验首飞了。我们从高高的树上纵身一跃，然后拼命扑扇翅膀，保持平衡，让自己飞起来。开始，大家飞得歪歪扭扭的，但很快就有模有样了。于是，燕爸爸和燕妈妈带着我们往更远的地方飞去。我乘着风、迎着阳光，在广阔的天空中飞翔着，第一次近距离地欣赏云朵，第一次俯瞰大地，感觉美妙极了！

"燕小弟去哪里了？"突然，耳边响起燕妈妈的询问。接着，树林中传来燕小弟的呼救。它撞上捕鸟网了！"我看见一只肥美可口的青虫，想去尝尝，没想到撞到了捕鸟网。"燕小弟一边哭诉一边挣扎。我们焦急地在周围飞来飞去，却不知该如何是好。我们不能贸然飞进树林，否则也会被捉到。燕小弟被缠得奄奄一息，燕妈妈心疼得直掉眼泪。怎么办？我一定要想到办法。对了，附近的森林巡逻队说不定能救燕小弟！想到这儿，我让所有燕子与我一起大叫，吸引森林巡逻队前来。功夫不负有心人，森林巡逻队发现了异常。他们火速赶来，小心翼翼地救下了燕小弟，还拆毁了捕鸟网。

　　燕小弟依偎在燕妈妈的怀里瑟瑟发抖。生死之际，它该多么无助和绝望啊。"谁道群生性命微，一般骨肉一般皮。劝君莫打枝头鸟，子在巢中望母归。"我想起这首诗，心里一阵发酸。据说，一只燕子一天能吃掉几百只害虫。它们保护了环境，我们为什么要伤害它们呢？②

编辑有话说：

如何呼吁人们保护益鸟？我们可以像小作者一样另辟蹊径——"成为"一只鸟，感受它们的快乐与悲伤、美好与残酷。朴实的文字、具有感染力的情绪和结尾处的提问都令人动容。

---

②心理描写贯穿全文，情感丰沛，引人入胜，也发人深省。

小汽车奇遇记

○邢芷涵

很久以前，有一辆小汽车决定去远方旅行。它背着行囊走啊走，来到一条小河边，看到了一名渔夫。

渔夫的船坏了，无法回家。热心肠的小汽车对渔夫说："老爷爷，您上车吧，我送您回家。"渔夫高兴地说："谢谢你，可爱的小汽车。"渔夫转头坐上了车，小汽车把他送回家后，又继续上路了。

小汽车走啊走，走到了一座农庄，看到一位农妇在除草，连忙说："老奶奶，我来帮您。"农妇开心地说："谢谢你，可爱的小汽车。"在小汽车的帮助下，农妇不到天黑就把活儿干完了。小汽车与农妇告别后，继续出发了。

小汽车又走了一天一夜，来到一座宫殿的门前。它想去问问路，于是敲了敲门。国王看见小汽车后高兴地说："哇，是一辆汽车！太好啦，你可以帮我去买一点儿草莓吗？我的女儿生病了，很想吃草莓。"小汽车心想：和帮助别人相比，问路可以先等等。一想到这里，它爽快地答应了。

小汽车穿过一条又一条街，终于找到了一家水果店，顺利买到了草莓，并用最快的速度把草莓送回了宫殿。公主吃了草莓，病很快就好了。国王高兴极了，希望小汽车留在皇宫里。小汽车毫不犹豫地拒绝了。它解释道："我要继续旅行，去看更精彩的世界，谢谢您的好意。"就这样，小汽车又出发了。①

后来，听说小汽车见到了高山，见到了大海，见到了草原，见到了沙漠，成了一辆有见识、有名气的小汽车。

编辑有话说：

在小作者的笔下，小汽车有了鲜活的生命力。它就像我们身边的一个朋友，有了情绪和梦想。试想一下，小汽车见过的那些善良的人、有趣的事，以及那些动人的景致，会不会就是透过乘客这双眼睛看到的呢？愿我们每个人都能拥有一双善于发现美好的眼睛。

①故事中的三段经历像三个碎片，拼出了小汽车完整的个性和品质。

小兔子与神奇蘑菇

○俞欣宜

艾艾是一只生活在草原上的小兔子。有一天,艾艾去森林看望生病的好朋友。走着走着,它突然看到一团团漆黑的乌云从四面八方聚拢过来,眨眼间就把太阳公公遮了个严严实实。"糟糕,要下雨了!"

话音刚落,比豆子还大的雨点就噼里啪啦地"砸"了下来。树林里顿时一片混乱,大家都被这场突如其来的大雨搞得措手不及:蜻蜓飞得时高时低,抱怨家庭聚会因大雨被迫取消;蜘蛛看着被雨点"砸"穿的蜘蛛网,心疼地流下了眼泪;蚂蚁军团不再像往常那样井然有序，而是慌慌张张地四处乱撞，有的蚂蚁还差点儿滑进水沟！①

艾艾心急如焚。离朋友的家还有很远的距离，如果不赶紧找个地方躲雨，它就要变成"落汤兔"了！

它想向大树爷爷借几片叶子挡雨，可大树爷爷说："我的叶子又小又稀疏，没法儿给你挡雨。"艾艾又找到一个树洞，可洞里已经有两只小松鼠捷足先登。还不等艾艾开口，它们就嚷嚷起来："别来，别来，已经够挤了！"

艾艾急得团团转。就在它快要绝望的时候，一个温柔的声音从灌木丛里传来："小兔子，你来我这里躲雨吧。"

艾艾急忙拨开灌木丛钻了进去。它定睛一看，被眼前的一幕惊呆了：大雨中，一朵洁白无瑕的蘑菇挺立在草地上。它又高又大，足够为艾艾遮风挡雨，浑身上下散发着耀眼

---

① 用其他小动物的行为烘托焦灼的氛围，让人忍不住为艾艾感到忧心。

的光芒。蘑菇摇了摇菌盖，亲切地说："别愣着了，快过来躲雨呀！"

艾艾这才回过神来，赶紧跑到蘑菇的菌盖下。它抖了抖身体，十分感激地向蘑菇道谢，又好奇地问："你为什么能长这么大呢？"

"我是'神奇蘑菇'。我可以长得像大树一样高，任何东西都无法伤害我。"蘑菇不紧不慢地解释道。

艾艾感到无比震撼："天哪，太厉害了！我如果能像你一样高大，就不用害怕老鹰和狮子了。"

"你羡慕我，我也很羡慕你呀！"神奇蘑菇叹了口气，"我羡慕你有腿，能自由地奔跑，不用像我一样，终生只能待在一个地方，看不到灌木丛之外的景色，也找不到人聊天。小兔子，你愿意给我讲讲外面的故事吗？"

艾艾觉得心中五味杂陈。它给神奇蘑菇讲述草原上的狮子有多么可怕，大象有多么聪明，夏天的风有多么灼热，冬天的雪有多么松软……神奇蘑菇听得入了神。不知不觉，雨停了，艾艾要离开了，神奇蘑菇依依不舍地和它告别："小兔子，谢谢你的陪伴。祝你一切顺利。"

"不客气，我还要谢谢你为我挡雨呢！"艾艾认真地说，

"神奇蘑菇,你放心,你以后不会再孤单了。"②

艾艾下定决心,要把神奇蘑菇的事情告诉更多小动物,让大家都来给这朵神奇、善良又热心的蘑菇讲故事!

编辑有话说:

一场大雨让小兔子艾艾与神奇蘑菇相遇。它们都很善良,神奇蘑菇愿意为小兔子挡雨,小兔子也愿意帮神奇蘑菇排解孤单。这是一个读完后让人心里一暖的小故事!

② 艾艾和神奇蘑菇的对话真实而生动,很有代入感。

寻找快乐的种子

○ 高逸凡

我是一颗有着远大抱负的种子，懂得许多道理，却不知道什么是快乐。这天，我像往常一样乘坐着"飞机"——风去寻找快乐。飞着飞着，我看到了一座富丽堂皇的宫殿。宫殿的屋顶像女巫的尖帽般直插云霄，五彩斑斓的墙壁上雕刻着精美的浮雕，宫殿四周停着名贵的马车……奢华极了。

我缓缓飘落在宫殿的窗台上，透过窗户往里瞧：铺满黄金的地板上面随意堆放着闪闪发光的珠宝；大厅中央立着5根巨大的柱子，上面雕刻着奇珍异兽；一群身着华服的人在大厅里伴着优雅的乐曲，跳着优美的舞蹈……①看着眼前的一切，我想："是不是只要富有，就可以获得快乐？"我决定

---

①小作者描写宫殿的装潢和穿着华丽的人，将宫殿的奢华展现得淋漓尽致，也为下文的转折埋下伏笔。

留在这里寻找快乐。

可待了几天，我发现住在宫殿里的小男孩并不快乐。他的父母十分忙碌。缺少了大人的陪伴，他只能孤单地待在偌大的宫殿里，望着窗外发呆。"唉，可怜的孩子！看来富有也不一定能拥有真正的快乐。"我思索着。正巧一架"飞机"迎面而来，我便顺势离开了。

风停了，我落在了一个农家小院里。院子的一边有一个小菜园，另一边堆放着一捆捆杂草，靠墙的地方摆着几把锄头，墙上挂着两把镰刀……我心想："这里真穷，我要赶快离开这里。"可我左等右等也等不到"飞机"。

第二天，天蒙蒙亮，农民夫妇就准备下地干活了。我还听见了孩子们银铃般的笑声——他们同父母一块儿到田里劳作。②

我留在院子里，望着天上的朵朵白云，静静地思考着什么是快乐。不知过了多久，我再次听到了孩子们银铃般的笑声——农民一家有说有笑地回来了。孩子们在小院里跑来跑去，你追我赶，快乐极了。

---

②农家的条件十分简朴，农民一家却很快乐，揭示了"快乐与贫富无关"的主题。

这时，一个小男孩发现了我，高兴地喊道："这里有一颗种子！我要把它种在菜园里。"他轻轻地捧起了我。在小男孩温热的手心里，我突然感受到了一股暖流——这就是真正的快乐。

在小男孩的精心呵护下，我慢慢发芽，每天都能听到小主人欣喜的话语："我的小种子又长大了。"原来，真正的快乐与贫富无关，互相陪伴、充满希望才是真正的快乐。

编辑有话说：

跟种子一起乘坐"飞机"，我们看到了富有与贫穷两种截然不同的生活状态，从字里行间体会到了什么才是真正的快乐。想象一下，你如果是一颗小种子，会去哪里寻找快乐呢？

一只瓶子的旅行

○辛佳怡

我是一只瓶子，一只平平无奇的塑料水瓶。

此时，我正静静地站在柜台上，一旁还立着几瓶我不认识的哥哥和姐姐——矿泉水家族只剩我们几瓶了。①

"为什么没人买我们呢？"我怯生生地问大姐姐。话音刚落，就有一个高大的男人走到柜台前，一边拿起我，一边冲老板喊道："就这瓶水吧！"惊慌失措的我连忙望向大姐姐，大姐姐则朝我笑了笑，以示鼓励。

主人将我带到了一个繁荣的码头，很快又登上一艘巨轮。巨轮随海浪轻轻摇晃，不一会儿就把我摇困了。等我再次睁开眼睛时，面前的座位已经空了——主人把我忘在座位上了！我急得像热锅上的蚂蚁，奋力转了半圈，总算透过舷窗看到

---

①用第一人称自我介绍，既富有创意，还增加了代入感。

了主人。可我还没来得及高兴，就被一只陌生的大手捉住了。突然，船颠簸了一下，我趁机一挣，骨碌碌滚到了主人脚下。主人终于注意到我，将我捡了起来塞进包里。包里一片漆黑，我紧紧挨着笔记本大叔，问道："我们要去哪儿？"

"当然是世界上最大的荒岛——伦比岛。"笔记本大叔得意地说，"主人可是位著名的探险家，只要他能在这座鲜有人踏足的岛上生存两周……"就在这时，明亮的光线蓦地投在我的身上。我躺到了主人的手心，他的头发被海风吹得凌乱，空气中有一股淡淡的腥味。主人在树荫下席地而坐，吃饱喝足后就随手将我丢下，而这次我没有机会再追上他了。

我孤零零地在这座荒岛上醒了睡，睡了醒，默数着日月更替。不知不觉间，我已经看过了三十三次日落。这段时间并不长，但足以让孤独消磨掉一个人的活力，而我也算是感同身受了。

就在我说服自己接受日渐消亡的命运时，一阵脚步声从不远处传来。那脚步声慢腾腾的，又有些沉重，仿佛下一步就会耗光所有的力气。我循着声音望过去，禁不住哽咽起来，因为那沧桑的、疲倦的面庞正属于我的主人！

主人有气无力地倚在树上，吭哧吭哧地喘着粗气。与我对视的一刹那，他的眼神顿时变得狂热起来，好似看到了一支希望之烛。他有些慌乱，从怀中掏出笔记本，艰难地撕下半张纸，用颤抖的手写下了一串数字塞进我怀里，用尽最后一丝力气把我投向大海。②

虽然我的怀里只有一张纸，但我隐约感觉到主人寄托在我身上的期望重于泰山。我顺着洋流漂泊，希望快点儿遇到船只。我漂呀漂呀，不知过了多久才遇见一艘渔船。我伸头钻进了渔网，随着鱼群跃上甲板便昏了过去。

半梦半醒之间，我好像听到了主人的声音："谢谢你们，请把这个瓶子还给我吧。它救了我，我得把它带回家！"

编辑有话说：

小作者将瓶子作为童话的主角，用别样的视角描绘了一场跌宕起伏的冒险。瓶子的主人得救了吗？瓶子是被主人带回了家，还是会再一次被遗弃呢？读到这里时，你可能也有了自己的猜测吧！

---

②脚步声、喘气声、眼神变化及其他动作描写生动刻画出主人精疲力竭后重拾希望的模样。

最明亮的"星"

○王欣垚

在很久很久以前，人们在夜晚可以看到繁星闪烁的时候，月亮王后公布了一条好消息：太阳国王允许所有星星在每年农历八月十五中秋节这一天到凡间游玩。

星星们听到消息后开心极了，因为明天就是中秋节，它们终于可以到心驰神往的凡间看一看啦！

第二天黎明时分，成百上千颗小星星从天而降，在空中划过一道道夺目的闪光，迫不及待地来到了凡间。最小的一颗星星刚落到地面，就听到了一阵呻吟声。它害怕极了，立刻躲到草丛里，悄悄探出头来。原来是一位老爷爷摔倒了，他的拐杖也被甩到了一边。他伸出手，不断地在地上摸索着拐杖。

一个小女孩见状，立即扶起老爷爷，捡起拐杖，放到他的手中。小女孩一边检查他的腿脚，一边关切地问："爷爷，您没事吧，受伤了吗？"

"好孩子，别担心。爷爷的眼睛看不见，经常摔跤，已经习惯了。"老爷爷握紧拐杖，笑着说道。

小女孩紧紧握着老爷爷的手："爷爷，就让我当您的眼睛，帮您看路吧！"

老爷爷回握住小女孩的手，轻轻拍了拍，说道："好呀！你给爷爷讲讲日出的样子吧，是不是很美？"老爷爷抬起头，脸上满是向往。

"是呀！太阳才刚刚露头，天就已经亮了大半边。整个天空都被染得黄澄澄、金灿灿的……"

躲在草丛里的小星星这才注意到老爷爷的眼睛——瞳孔上像蒙了层纱，没有一丝光芒。见此情形，小星星难过极了，它决定帮助这位老爷爷。它从草丛后面跳出来，在两人面前跳了一段舞蹈，然后轻盈地一跃，消失在老爷爷的眼睛里。①

"咦，我的眼睛可以看到了！"老爷爷激动地眨着眼睛，颤抖着说，"朝阳真美呀！"

女孩惊喜万分："爷爷，您重见光明了！我要带您去看

---

①剧情设置十分巧妙，出人意料，又在情理之中。

可爱的小动物，去看五颜六色的花朵，还有我用小树枝搭的小房子！"

住在老爷爷眼睛里的小星星怎么样了？它虽然再也不能回到天上，却成了最明亮的"星"。它期盼着，与老爷爷和女孩一起看遍人间的美景，别提多高兴啦！②

编辑有话说：

这是一篇构思精巧，让人感到十分温暖的童话故事。小作者用质朴的文笔，将女孩和小星星的善良描写得十分动人。相信小作者也是一个纯真、无私的人。

②结尾点题，意味深长。小星星的善良让它不再是星星，却也让它成为最明亮的"星"。

首饰人

○ 翟晨雪

在韦斯莱家的窗台上有一个首饰人和一座积木房子。首饰人名叫"露露",由水晶制成,非常漂亮。韦斯莱夫人很喜欢它,还把首饰挂在它的身上,让它更加光彩夺目。

韦斯莱夫人的喜爱让露露感到很骄傲。渐渐地,它发生了一些变化……

这天,露露对积木房子说:"积木房子不应该住其他人,只能住我一个人。"

积木房子性格耿直。它对露露的话十分不解,便问道:"你住一个房间不就够了?房子是大家的。"

"不可能,我才不跟别人分享。你要是不同意,我就把你敲碎!"露露挥舞着一根小木棍,气愤地说道。

积木房子被露露的表现吓了一跳,把其他玩具都震了出来。它连忙向大家道歉："对不起，我不是故意的。"玩具们没有说话，只是摆了摆手，搬出了积木房子。

看着大家陆续离开，积木房子不高兴地说："大家都走了，这下你满意了吧？"

露露没有理它，心满意足地独占了积木房子。

第二天一早，露露刚从积木房子里出来，就看到韦斯莱夫人把一个首饰人放到了窗台上。这个首饰人不但比露露漂亮，而且性格活泼、可爱，待人友善，刚一来就获得了玩具们的喜爱。

露露却很不屑，高傲地从它们身后走过。谁知，这个首饰人竟叫住了露露，礼貌地伸出手，微笑着对露露说："你好，我是贝儿，很高兴认识你。我们可以做朋友吗？"

露露没有跟贝儿握手，依然维持着高傲的形象，冷漠地说："我不需要朋友。"

贝儿笑了，用温柔的声音说道："大家一起玩耍多快乐啊。"①

露露的心好像被触动了，可她摇了摇头，把其他想法赶

---

①运用对比的手法，通过对比露露和贝儿的性格差异点明主旨，也为下文埋下了伏笔。

出自己的大脑。

窗台上的生活一如既往的平静，贝儿却觉得有点儿无聊，它决定去外面的世界看看。贝儿背上行囊，翻山越岭，一走就是三年。

三年时间转眼过去，贝儿回到了韦斯莱家的窗台。她的眼中闪烁着光芒，玩具们都吵着要它讲讲旅行中的经历。

一旁的露露不屑一顾，它心想："这有什么了不起，我也可以去旅行！"

第二天，露露装了好几箱行李，拉着积木房子就走。它可不想在旅行途中吃苦，因此无论如何都要带着积木房子一起去。

积木房子太重了，露露根本拉不动。它本想拉着积木房子跳下窗台，谁知积木房子一点儿也没移动，自己却掉了下去，摔成了一地碎片。

露露不再漂亮了，韦斯莱夫人不会再夸奖它了……想到这里，露露哭了起来。②

这时，贝儿带着玩具们把水晶碎片一一捡起，将露露完整地拼了出来。

---

②很好地刻画了不同的形象，角色的言行也符合各自的性格特点。

露露被修好了，几乎像从前一样漂亮。它想起玩具们在韦斯莱家的各个角落认真寻找水晶碎片的情景，为自己曾经的所作所为流下了悔恨的泪水。

当露露再次出现在窗台上时，它先向积木房子道歉，然后主动邀请所有玩具住进了积木房子。

当然，露露和贝儿也成了朋友。她们手拉手站在窗台上，为韦斯莱家的窗台增添了一抹亮色。

编辑有话说：

这是一篇题材新颖、构思奇妙、语言生动活泼的童话，字里行间流露出小作者的奇思妙想，又不乏对现实的映射。露露由自私、傲慢变得友善、温和，多亏了贝儿这个"催化剂"。榜样的力量真大啊！

魔法泡泡瓶

○宣婉卿

"啵!"流光溢彩的泡泡碰到了小猪哼哼的鼻子。哼哼乐得咯咯笑,对那只会吹泡泡的魔法泡泡瓶爱不释手——即使它并没有展现出神奇的魔法。

闪闪发光的泡泡飞出了哼哼的花园,被小狗汪汪看到了。它从哼哼手中夺走了魔法泡泡瓶。谁知,泡泡瓶一个泡泡也不肯吹。汪汪拨弄了几下,就把它向外一抛,砸中了小兔跳跳。①

"幸好没摔坏。"跳跳没有介意自己被砸痛了脑袋,把魔法泡泡瓶还给哼哼,"你的泡泡真漂亮,我可以跟你一起玩吗?"哼哼刚才还含着泪的眼睛顿时变得跟泡泡一样闪亮。它们一起给泡泡唱歌,围着泡泡跳舞、做游戏。突然,飞来飞去的泡泡变成了一群可爱的泡泡小精灵,"我们是快乐的

---

①巧妙埋下伏笔,不是谁都能让魔法泡泡瓶吹出泡泡哟!

泡泡精灵,欢迎你们来泡泡王国做客!"

小精灵合力举起泡泡瓶,吹了一个好大好大的泡泡,请哼哼和跳跳坐进去。一眨眼的工夫,它们就来到了一个五光十色的泡泡王国。这里的树呀,云呀,连同石子都是彩色的。泡泡小精灵们就住在最高的那棵树上的泡泡屋里!

哼哼和跳跳惊得合不拢嘴,因为它们从没见过这样绝美的景色,也没闻过这样甜津津的空气。临走时,泡泡小精灵还送给哼哼和跳跳许多礼物呢!夜晚,躺在床上的哼哼仍意犹未尽。它不由自主地想:我如果一个人去泡泡王国,是不是就能独享那些礼物了?

第二天,跳跳再来找哼哼吹泡泡时,被拒绝了。哼哼独自搂紧泡泡瓶,试图变出泡泡小精灵,可不管它怎么努力,泡泡精灵也没出现。哼哼又失望又难过,后来甚至连一个泡泡都吹不出来了。小狗汪汪恰好路过,嘲笑道:"让你不借给我们玩,现在你跟我一样吹不出泡泡喽!"哼哼生气地说:"你不像小兔那样有礼貌,我才不跟你分享……"话还没说完,哼哼突然愣住了——它好像知道自己为什么吹不出泡泡了!②

---

②汪汪的第二次出场推动了情节的发展,让哼哼开始反思。

哼哼给跳跳写信道了歉，还邀请小鸡、小鹿和小马一起来吹泡泡。它们轮番吹着泡泡。在欢声笑语中，魔法泡泡瓶吹出的泡泡越来越大，越来越漂亮。泡泡小精灵终于又出现了！

从此，懂得分享的小动物们成了泡泡王国的常客，魔法泡泡瓶则成了它们友谊的象征。

编辑有话说：

谁不想拥有这样一个神奇的魔法泡泡瓶呢？小作者通过吹泡泡这个普普通通的小游戏，带我们来到了用想象力构建的泡泡王国，还通过哼哼的经历告诉我们分享的重要性。内容很丰富，情节有起伏，这真是一篇活泼又生动的佳作呀！

深夜的厨房

○苏上善

深夜,房子的主人已经熟睡,卧室传来阵阵鼾声。明月高悬,透过玻璃窗照亮了厨房的一角。

"我再也不想当盘子了!"一句带着哭腔的抱怨打破了厨房的宁静,"主人每天用我盛热饭热菜,我感觉自己都快中暑了!"

说话的是盘子,今天主人宴请宾客,厨房里的锅、碗、瓢、盆乱作一团。厨具们都颇有怨言,纷纷道出自己今天的经历。厨房里顿时热闹了起来。①

"我也不想当碗了!他们用我盛滚烫的汤,结果又因为怕热,把我放到风扇下面吹。一冷一热的,别提多难受了!"

---

①故事设定十分有趣,让人不禁想象:在人们看不见的地方,这些可爱的厨具是否真的会热闹地聊天呢?

碗叉着腰说道。

一旁的锅接着说："你们经历的那点儿热度算什么？每顿饭我都负责炒菜、烧汤，每天都'火烧屁股'，锅底都烧成黑色了！"它边说边指了指自己焦黑的"屁股"。

锅铲摸着自己的"脸"说："热算什么？我的脸每天在菜里搅来搅去，都变丑了！"

菜板冷笑一声，说道："我才是最可怜的！主人每天拿着锋利的菜刀在我身上切菜，你们知道有多痛吗？"其他厨具闻言沉默了。

一直没吭声的筷子突然开口："可如果不做筷子，我还能做什么呢？"

此话一出，其他厨具你一言我一语地讨论起来，畅想着自己如果能成为摆件或者收藏品该有多快乐。直到天亮，厨房才重新安静下来。

第二天，家里来了两位小客人。他们活泼好动，对房子里的一切都很好奇。快到吃饭的时间了，主人准备出去买菜，把两位小客人留在家里，嘱咐他们好好看家。

没想到，主人刚走，他们就一改乖巧的模样，在房间里跑来跑去，最后冲进了厨房。顿时，令厨具们大惊失色的事情发生了——

他们一人拿着锅铲当宝剑，另一人拿着锅当盾牌，玩起了"打仗"游戏！锅铲"铛铛"地敲在锅底，被敲得变了形，原本焦黑的锅底被敲出了好几个小坑。

"别打了，好痛啊！再这样下去我们会坏掉的！"锅铲和锅齐声喊道，可惜小客人根本听不见。

不一会儿，两位小客人玩累了，又看向碗和盘子。他们把碗和盘子顶在脑袋上，假装自己是杂技演员，还单腿站立，比赛谁的平衡能力更强。碗和盘子害怕极了。"快放下，如果摔在地上我们会碎的！"

好在他们很快就玩腻了，放下了碗和盘子，扫视了一圈儿，又抓了一把筷子跑到院子里，用筷子在地上写字、画画。就在菜板以为自己逃过一劫时，其中一位小客人跑了回来，把菜板拿去垫在地上，坐在了屁股底下。菜板何曾受过这样的屈辱？当场哭了出来。

这场闹剧最终以主人回家而告终。主人教训了两位小客人，把筷子和菜板洗干净，将盘子和碗放回原位，还修好了锅铲和锅。这天夜里，厨具们聚在一起，回忆这惊心动魄的一天，不禁感慨万千。

"我还是老老实实盛菜吧。我本来就是经过烈火烧制而成的，饭菜那点儿温度不算什么。"盘子心有余悸地说，碗在一旁点头附和。

"我也是，我的身体本来就很耐热，'火烧屁股'也不觉得痛。"锅摸着被砸伤的地方，心疼地说道。

锅铲感觉自己的下巴还是有点儿歪，摇头晃脑地说："我也是！我再也不想被用来做别的事情了，炒菜挺好的！"

菜板这回不说话了。它自诩是个顶天立地、不畏刀剑的英雄，到现在还没从被当成坐垫的阴影中走出来。

筷子再次开口："唉，我们每种厨具都有自己的职责，应该努力做好自己擅长的工作。因为懒惰、想逃避责任而夸大自己的辛苦，这不就是'身在福中不知福'嘛！"②

"就是！摆件和收藏品或许也有自己的烦恼，它们一动也不能动，多无聊啊！"

"没错，主人常说'人是铁，饭是钢'。我们每天配合主人做出美味的饭菜，是主人生活的必需品。这不就是我们的价值吗？"就这样，厨具们纷纷找到了自己工作的乐趣，

---

②经历了两位小客人的"摧残"后，厨具们终于醒悟了！此处点明中心可谓水到渠成。

之前的烦恼也一扫而光。

天亮了，主人来到厨房，忙碌起来，新的一天开始了……

编辑有话说：

或许并不是所有事物都喜欢自己的"工作"，人也一样。我们有时会不满自己被安排的任务，不知不觉在心中放大了自己的疲惫。实际上，很多事情或许并没有那么难、那么累。小编有时候也是如此，读完这篇故事之后赶快反思了一下！

神奇的魔法药水

○褚昕瑶

很久以前,世界上是有精灵的。精灵们扇动翅膀,就能发出七彩光芒,翅膀越多,灵力就越强。

相传,精灵世界有一座美丽又神秘的水晶宫,里面居住着一位长有5对翅膀、灵力超群的精灵女王——阿洛姗。她总是戴着面纱,不苟言笑,只有面对小女儿因蒂思奇才表现得温柔、耐心。不过,顽皮的因蒂思奇总是闯祸,让阿洛姗头疼不已。

这天,阿洛姗研制出一瓶功效特殊的魔法药水,把它锁在柜子里。但一想到好奇心旺盛的因蒂思奇,阿洛姗又担心了起来。她来回踱步,一会儿看着魔镜发呆,一会儿看着水晶球思考。突然,她想到了什么,喃喃自语道:"其实,这也没什么不好……"

阿洛姗将魔法药水的事情公之于众："我研制出了一瓶神奇的魔法药水，任何人都不能触碰它。"说完，阿洛姗看向因蒂思奇，严肃地说："因蒂思奇，不会有人去碰它，对吗？"

因蒂思奇满不在乎地说："当然。"

阿洛姗离开后，因蒂思奇的脸上现出了顽皮的笑容。她扭头对身边的精灵说："我要给你们一个天大的惊喜！"

其他的精灵都非常敬畏阿洛姗，当然不会违背阿洛姗的意愿去触碰那瓶神奇的魔法药水。不过，她们也知道因蒂思奇要去做什么，却没有劝阻她，只是附和道："好啊，因蒂思奇最厉害了！"[1]

因蒂思奇溜进了阿洛姗的房间。一打开门，因蒂思奇就惊呆了：天花板、墙面、床上、桌子上……到处都是一模一样的柜子。不过，聪明的因蒂思奇很快就想到了解决方法。她对着水晶球模仿阿洛姗的声音念道："魔法药水，快快现身！"片刻过去，屋子里毫无动静。

因蒂思奇清了清嗓子，用更加低沉的声音模仿道："魔法药水，快快现身！"只听"砰"的一声巨响，魔法药水从

---

[1] 此处设置了伏笔，为故事的发展做了很好的铺垫，也为魔法药水的特殊功效增添了合理性。

角落里的柜子里飞了出来，落到了因蒂思奇的手心。

因蒂思奇高兴极了，原来模仿母亲这么简单。兴奋中，她完全忘记了阿洛姗的叮嘱，打开瓶盖喝下了魔法药水。没想到，刚喝下药水，因蒂思奇就狠狠地摔倒在地。她感到背上一阵灼热，疼得满眼泪花，说不出话来。这时，她扭过头，看到自己引以为傲的美丽翅膀正在消失。②

精灵们听到声音都赶了过来，却束手无策。这时，阿洛姗拨开人群走了出来，对因蒂思奇挥了挥手。因蒂思奇感到一阵凉风吹过，身上便不再疼痛，翅膀也长了出来。那3滴药水也飘回到阿洛姗的手中。

因蒂思奇委屈地哭诉道："妈妈，你为什么要发明这种药水？"

阿洛姗轻声说："我一出生就有5对翅膀，灵力强大。可从小到大，我的身边都只有恭维的声音。没有人对我说真心话，我也没有知心的朋友。我希望翅膀消失，获得真正的友情，身边不再只有言不由衷的谎言。"

②用词精准的动作描写为文章增色不少。

听到这些，周围的精灵们十分羞愧，纷纷低下了头。因为她们不仅这样对待阿洛姗，也这样对待因蒂思奇。

因蒂思奇也为自己的顽皮和不守信用而感到羞愧。她比任何一次都认真地承诺道："妈妈，我会做一个诚实守信的好孩子，也会成为您最知心的朋友！"

编辑有话说：

阿洛姗让我们懂得了，再强大的人也需要朋友，不要在别人的夸奖声中迷失自我。因蒂思奇让我们明白，诚实守信、知错就改的重要性。短短的一篇童话，蕴含如此深刻的道理，真是令人惊叹。这瓶神奇的魔法药水果然没有白喝！

神奇的"沙发"

○苏星羽

这天,森林里的小动物们凑在一起比尾巴。

大象自豪地说:"我的尾巴又短又灵巧,可以帮我驱赶蚊虫。"

小猴得意地说:"我的尾巴又细又长,能让我在树上跳来跳去时保持平衡。"

说完,它俩看着小松鼠又大又蓬松的尾巴,异口同声地说:"你的大尾巴既笨重,又难看!"

小松鼠听后有些失落,心想:"是呀,我不管去哪儿都得拖着沉重的尾巴。走路或者玩耍的时候,尾巴还经常碰到别人,真碍事!"小松鼠伤心地回到家,向妈妈哭诉今天的经历。松鼠妈妈听后,笑着对小松鼠说:"别人的看法真的那么重要吗?你要善于发现自己的优点。何况,你的尾巴可是有'特异功能'的！用心感受，你一定能发现它的好。"小松鼠似懂非懂地点了点头。①

日子一天天过去，小松鼠渐渐忘了这件事。这天，它和小兔子、小花猫、小猪一起在森林里踢足球。小松鼠担任守门员。它全神贯注，目光紧紧追随着足球，丝毫不敢松懈。

突然，小花猫从小兔子脚下抢走了球，小猪来不及阻拦，小花猫奋力一踢，足球直奔球门而来！小松鼠来不及思考，屏住呼吸，用尽全力向球扑去。从双脚离开地面那一刻，小松鼠就知道，即使拦住了球，自己也必然会狠狠摔在地上。它已经做好了摔跤的心理准备。

小松鼠不负众望，在足球飞入球门前抱住了球！小伙伴们却忘记了欢呼，紧张地盯着小松鼠下坠的身影。小猪甚至害怕地闭上了眼睛。

出人意料的是，就在小松鼠即将摔到地上时，它那蓬松的大尾巴先落了地，成了松软的"沙发"，垫在它的背后。小松鼠怀里抱着足球，躺在尾巴上，一点儿也没有摔疼。小

---

① 松鼠妈妈没有直接告诉小松鼠尾巴的作用，而是让它自己用心感受，为后文埋下伏笔。我猜，小松鼠和我们一样，在伤心难过的时候，很难听进去别人的劝解，你觉得呢？

伙伴们赶快围上来，它不好意思地挠挠头，说："我没事。我的尾巴保护了我！"小兔子羡慕极了："原来你的尾巴这么神奇，关键时刻还能保护你。我也想有一条这样的大尾巴！"小松鼠听了非常开心，终于明白了妈妈当初对它说的话。②

小兔子、小花猫和小猪争先恐后地躺在小松鼠的"沙发"上玩耍。它们七嘴八舌地讨论着：小兔子和小花猫的尾巴可以帮它们保持平衡，小猪的尾巴可以驱赶蚊虫，大家都找到了自己尾巴的优点。

从那以后，小松鼠发自内心地喜欢上了自己的尾巴。

编辑有话说：

我也想去坐一坐毛茸茸的大尾巴"沙发"，一定很舒服。看完这个故事，我不禁思考，像人类一样没有尾巴或许也有好处。不然，冬天的时候还要给尾巴织一件"毛衣"呢！

---

②文章紧紧围绕"尾巴"进行。此处呼应妈妈说的话，恰到好处地点明中心。

海棠花的选择

○韩亚霏

清晨，阳光洒进花园里，花园顿时热闹起来：娇艳欲滴的玫瑰散发出淡淡清香，水仙花如同仙女一般亭亭玉立，五彩缤纷的凤仙花随风摇摆……吸引了不少游客前来玩耍。在很久以前，这里的鲜花无色、无味，因此花园中总是冷冷清清的，没什么人光顾。①

有一天，环游世界的花仙子路过这里。她见花园中杂草丛生、毫无生气，顿时心生怜悯，决定帮助鲜花们。她温柔地对花园中的鲜花说："你们可以自由选择喜欢的颜色、形状、特点，我会帮你们实现愿望的。"

花仙子的话音刚落，玫瑰就兴冲冲地提出了自己的想法："我想要娇嫩的红色花瓣。当然，最好在我的身上加点儿小刺，

---

①通过花园的前后对比，让人对它的变化产生好奇。

让游客只能远观，不敢随意触摸。这样，我一定会成为百花之王！"花仙子点点头，同意了。水仙花高傲地说："我要成为高洁的花，最好能散发出浓郁的香气，让人们为我的香气沉醉。"花仙子也实现了它的愿望。很快，花园里又出现了粉红的凤仙、大红的月季、红紫色的牡丹……变得五彩缤纷。

这时，花仙子注意到角落里有一簇小花仍未许愿，便走上前询问："你想变成什么样子？"开在墙角的海棠花在众花面前显得格外娇小，毫无存在感。它有些犹豫地说："我对颜色和香气没有要求。不过，您能不能让我在花落后结出果实。它们不用太大，能给过路人解渴就行。"

花仙子一听，有些疑惑："难道你不想要华丽的外表和诱人的香气吗？"海棠花摇摇头，说："比起自己拥有，我更想做一株对他人有益的花。"花仙子闻言笑了，实现了它的心愿，离开了。

不久后，人们发现了这座美丽的小花园。有人欣赏玫瑰，有人爱慕水仙，有人喜爱月季……大家似乎遗忘了墙角的海棠。直到有一天，一个小女孩摘下了海棠的果实，尝了一口，不由得感叹道："这果子酸甜可口，真解渴啊！"她的惊叹引起了不少人的注意。人们争先恐后地摘下海棠果品尝，纷纷被它的味道折服。

从此，海棠果的美名越传越远。有不少人到这座美丽的小花园来欣赏娇俏的海棠花，品尝酸甜爽口的海棠果，越来越多的人爱上了名不见经传的海棠花。看着大家的笑脸，海棠花觉得，自己做出了最正确的选择。②

编辑有话说：

在小作者的创作中，花园里的每种花都拥有不同的个性：爱美的玫瑰、高傲的水仙花、甘于奉献的海棠……正是因为它们做出了不同的选择，才创造出姹紫嫣红、欣欣向荣的花园美景。

---

②童话结尾再次提到海棠花的选择，既点明了中心又呼应了题目。

狐狸和兔子

○ 雷冉瑄

森林王国有一只特别机灵的小兔子。森林王国的居民们一遇到棘手的问题，就会来找兔子帮忙。它也不负众望，总能想出一堆绝妙的主意，帮大家排忧解难。

这天，兔子接到了一份十分重要的工作——运送粮食前往森林王国的中心，将粮食分给王国里的居民。清晨时分，兔子正推着一车粮食赶路。走到半路时，一只狐狸突然从路边冲了出来，说道："小兔子，你忙着运粮食呢？森林国王知道你辛苦，派我来接替你。你快歇一歇，把推车交给我吧！"

看着兔子望向自己的眼神中透着怀疑，狐狸连忙解释道："国王特别关心你，生怕你被累垮了，特意让我来帮忙的。"

兔子心想：狐狸的话，我可不能信！这家伙劣迹斑斑，被它欺骗过的居民数不胜数。住在它隔壁的大耳朵小鹿因为上了狐狸的当，磕掉了一块鹿角呢！我猜，它是想把这些粮食据为己有。

兔子的眼珠滴溜溜地转了几圈，说道："好心的狐狸先生，那就拜托您了！"兔子把推车停靠在路边，蹲下身仔细地擦拭着车轮，然后站起身来，冲狐狸笑了笑，说道："我把轮胎上的泥巴清理干净了，这样您推起来能轻松一点儿。"说完，兔子就离开了。①

狐狸一边朝推车走去，一边露出狡猾的笑容。然而，它没想到的是，这辆推车根本不听它的"指挥"！它往右推，车偏要直着走；它往左推，车还是直着走。它费了好大的力气，推车却只能直行，最终到达了目的地。在那里等待已久的居民们一哄而上，将粮食分了个干干净净，只给狐狸留下了一片指甲大小的菜叶。

此时，聪明的兔子在干什么呢？它正在自己的菜庄里一边悠闲地拔萝卜，一边回想着早上的事情——擦拭车轮时，它故意将车轮调成了只能向前行驶的直行轮——只要不偏离大路，就一定会到达森林王国中心。

晚上，一场隆重的篝火晚会在森林王国中心开始了。大

---

①设置悬念，埋下伏笔，引起读者兴趣。

伙儿载歌载舞,围着篝火唱着,笑着,闹着。在火焰的炙烤下,粮食散发出诱人的香气。这阵香气在空中飘呀飘,最终钻进了坐在角落里的狐狸的鼻子里。

狐狸擦了擦鼻子,垂下了头。它后悔了,它也想坐在篝火旁,也想和大家一起唱歌跳舞。那灼热的火焰,或许可以烧尽狐狸的贪婪。

编辑有话说:

这篇童话流畅连贯,充满童趣。小作者用活泼明快的语言塑造了两个性格鲜明的角色——代表善的兔子和代表恶的狐狸,还留给我们一个值得深思的问题:后悔的狐狸最终坐到篝火旁了吗?恶会向善转变吗?

花之祝福

○万浩妍

从前,有一个花仙子。世上所有的花朵都在她的庇护下茁壮生长,所有爱护花朵的人都会得到她的祝福。

这天,花仙子在花丛中悠游时,突然感受到一阵奇妙的情感波动,便向波动传来的方向飞了过去。她发现,波动来自一个金发女孩。女孩家门前有一个花坛,里面种着五颜六色的花朵,其中有一朵十分奇特——竟然是透明的!花仙子得知,那是一株变异的花朵,谁都不喜欢它。①

"我真的能听见花朵说话,为什么你们都不相信我呢?"女孩摆弄着透明的花朵,喃喃自语道。见无人理会自己,她的泪水簌簌而下。看见此情此景,花仙子不禁对女孩心生爱怜。她化身成一名邻家姐姐,走上前去捧起女孩的脸蛋,轻轻为

①以透明的花朵渲染氛围,为女孩出场做好铺垫。

她擦拭泪水，询问道："小朋友，你为什么哭呀？"

"这个世界五颜六色，可那朵透明的花儿却没有颜色。最近，它总是向我哭诉，说自己被世界抛弃了，可我却没有能力帮助它。"女孩难过地回答，豆大的泪珠顺着她的脸颊滑落。

花仙子思索片刻，说："我有一个办法。只要你收集到各种颜色，然后把它们埋在这朵花儿底下。它就会变得五颜六色了！"女孩抬起头，问："真的吗？"

花仙子自信地点点头，说："走吧，我陪你去收集颜色！"

在接下来的日子里，女孩和花仙子一起收集了鸟儿掉落的漂亮羽毛，捡起了溪流中色彩各异的鹅卵石，还用蜡笔画出了七色彩虹！

第七天，花仙子对女孩说："现在，我们只差阳光般的金黄了。"女孩想了想，毫不犹豫地剪下了一缕金灿灿的头发，递给花仙子。

她们一起在透明花儿的"脚下"埋下了各种颜色的物品。夜里，女孩怀揣着期待进入了梦乡。第二天清晨，她急急忙忙地跑向花坛——那朵花儿果真变成五颜六色的了！六片不同颜色的花瓣在风中轻轻摇摆，就像在跟女孩挥手，花蕊也闪烁着阳光般的金黄。②女孩开心地笑了。

她们一起埋下颜色的那天夜里，女孩入睡之后，花仙子悄悄地飞到花坛边，挥舞魔棒给透明花儿施法，把埋在泥土中的色彩转移到了花儿身上。

这些美丽的色彩会持续多久呢？花仙子并不确定，但她知道，女孩对花朵的热爱和对美好的希冀会长长久久地存在下去。

编辑有话说：

在小作者笔下，我们认识了如邻家姐姐般温柔聪慧的花仙子、孤独却善良的女孩和渴望拥有色彩的透明花儿，并跟随她们的脚步见证了一个善意的谎言。请试想一下，女孩还会与花仙子重逢吗？这次，她又会听到哪朵花儿的絮语呢？

②两度提及"阳光般的金黄"，使文章结构更严密、内容更充实。

健步如飞的乌龟

○ 刘一航

很久很久以前，乌龟个个都是跑步健将。

瞧，一只小乌龟在第 21 届动物运动会中获得了"200 米短跑"冠军！"观众朋友们！"说话的是运动会的主持人百灵鸟小姐，"让我们用热烈的掌声恭喜常胜选手小乌龟！它不仅蝉联 5 届动物运动会冠军，这次还打破了森林镇的短跑纪录。让我们为它欢呼吧！"话音刚落，雷鸣般的掌声响彻森林。相比观众们的热情，小乌龟的表现很冷淡，因为它觉得自己得冠军是理所当然的事。

另一只小乌龟在不久前参加了学校的趣味运动会。结果毫无悬念，它轻轻松松地打败了所有同学。校长金丝猴先生给它颁发了一座重达 5.32 千克的奖杯。小乌龟对此很满意。

渐渐地，乌龟家族获得了一个外号——"曹操族"。起初，小乌龟们很纳闷："为什么叫'曹操'呢？'跑步健将'这个称呼多酷呀！"带着疑问，它们去问了小白兔。"那是因为……"小白兔摇头晃脑地解释道，"说曹操，曹操到嘛。"

小乌龟们没听懂，因为它们不爱学习，自然听不懂这种俗语典故，也就理解不了大家的幽默。小白兔便给它们解释道："这是在赞叹你们的速度快——只要喊一声，你们就会瞬间出现。"

听了小白兔的话，小乌龟们更骄傲了。为了炫耀这份与众不同，它们决定背着所有的奖牌生活，不管走到哪里，都要显摆一番。①

谁知，那些沉甸甸的奖牌大大降低了乌龟的速度，健步如飞的日子变成了回忆。天长日久，再也没有人叫它们"曹操族"。乌龟成了"慢"的代名词。

编辑有话说：

这篇童话的设定和"脑洞"是意料之外的惊喜，极为出彩。故事很简单，却拥有让人久久回味的魔力。

---

①乌龟的"骄傲"早已显露，就藏在故事的细节里。

不一样的四叶草

○贾茗淇

小山丘的背面有一片绿得发亮的草地，那里住着一群活泼可爱的三叶草。今年的第一场春雨过后，三叶草家族发生了一件糟糕的事：它们家居然诞生了一棵四叶草！这棵四叶草的叶子也是心形的，叶片上也有一圈白色的环，与普通三叶草的叶子没什么不同，可是——它怎么会有四片叶子？因为太过与众不同，所以它有了一个简单易懂的名字：小四。小四在整个三叶草家族中格格不入，兄弟姐妹们都不喜欢它。

"四片叶子看起来很重，它的茎不累吗？"

"我不想和它一起晒太阳，因为它会挡住我的阳光！"

"小四长得好奇怪，它身上不会有恶魔吧？"①

总之，没有三叶草愿意和小四一起玩。一个午后，小四

---

①用寥寥数语表现出四叶草被其他三叶草孤立、歧视的境地。

孤独地在河边散步。走着走着，它看到小蚂蚁在小河边急得团团转，赶忙问："小蚂蚁，发生什么事了？"小蚂蚁沮丧地说："桥断了，我回不了家。家人一定很担心我。"

小四想了想，摘下一片叶子，对小蚂蚁说："别着急，我有四片叶子，送你一片当小船吧。"

帮助了小蚂蚁后，小四继续散步，走到树下时，天上忽然开始下"松子雨"。抬头一看，原来是小松鼠的篮子破了一个洞，松子正源源不断地从洞里漏出来。小松鼠哭着说："篮子坏了，我怎么把松子运回家呢？妹妹要饿肚子了！"

小四于心不忍，又摘下一片叶子送给小松鼠，让它把篮子修补好。

接下来，小四又遇到了快要中暑的小瓢虫和腿部受伤需要送去急救的小蜘蛛。于是，剩下的两片叶子也被小四送了出去，用来给小瓢虫遮阳，给小蜘蛛当担架。

小四摸摸自己光秃秃的茎，叹了口气："这下我一片叶子都没有了，大家肯定会更加讨厌我。"一想到可能要面临无数嘲讽，小四就不想回家了。它独自坐在河边，听小河流水哗啦啦，看月亮一点儿一点儿往上爬。

"小河，你知道我为什么会长四片叶子吗？"

"月亮，你知道哪里有我的容身之处吗？"②

小河无言，月亮无声，它们都无法回答小四的问题。这时，小四听到了远方传来的呐喊声。"小四，你在哪儿？快回家吧——"

兄弟姐妹全都出现了。它们朝小四跑来，将它紧紧地拥抱住。小四手足无措，兄弟姐妹却很激动，喋喋不休地说：

"你用叶片帮助蚂蚁、松鼠、瓢虫和蜘蛛的事情我们都知道了。你可真厉害、真勇敢！"

"摘叶片的时候疼吗？我帮你涂点露水吧！"

"我们不应该以貌取人，更不应该嘲讽你，对不起！"

小四有点儿开心，也有点儿担忧："可我现在已经没有叶子了，你们还愿意和我一起玩吗？"

最年长的三叶草走出来。它仔细检查了小四的茎，语重

---

② 四叶草并不是真的想从小河和月亮的口中问出一个答案。这一侧面描写反映了四叶草的孤独和迷茫。

心长地说:"根还在,叶子就会长出来。何况,一颗善良的心比什么都重要!"

编辑有话说:

人们常常认为四叶草能带来幸运,这篇童话却独辟蹊径,从四叶草的"少见""与众不同"入手,讲述了一棵被孤立、歧视的四叶草凭借自己的善良获得认可的故事。很有新意!

声音的味道

○杨语嫣

下雨了，小熊猫发现一个山洞，便赶紧钻进去避雨。它有点儿饿了。山洞里会有好吃的吗？小熊猫到处找呀找，只发现了一口锅。它失望地敲了一下锅。铛！不知道怎么回事，锅里突然出现了一个面包。饥肠辘辘的小熊猫赶紧咬上一口。哇，面包软软香香的，太好吃了！可是，面包是从哪里来的呢？小熊猫觉得很奇怪。

山洞里太暗了，小熊猫便把锅拿到亮堂的洞口去瞧个究竟。外面的雨还在下着，滴答滴答……啊！奇怪的事情又发生了，锅里竟然一滴一滴地冒出牛奶般的液体。小熊猫忍不住舔了一下，甜甜的。雨越下越大，锅里的甜水越来越多。小熊猫喝呀喝呀，直到甜水突然消失。而此时，雨也停了。

"阿嚏！"小熊猫有些冷，忍不住打了一个喷嚏，锅里面顿时蹦出一块糖。"阿嚏，阿嚏！"锅里面又蹦出了两块糖。

难道这口锅只要听到声音，就会变出好吃的？小熊猫抱着锅来到小鸟家。小鸟正在唱歌呢，叽叽喳喳……果然，锅里冒出了许多冰激凌！

可是，小熊猫的走路声、呼吸声等细微的声音并不会引起锅里的变化。看来，音量要足够大，这口锅才能变出好吃的。"原来这是一口有点儿耳背的锅呀。"小熊猫笑了。

第二天，森林里的动物们都收到了小熊猫的邀请函：请大家带上各自的乐器，来我的声音餐厅品尝美食。动物们到了以后，小熊猫把锅拿出来。大象敲起了大鼓，咚咚咚咚，锅里面跳出了一块又一块金黄的煎饼；猴子拉起了小提琴，铮铮铮铮，锅里面冒出一团团热乎乎的面条；兔子唱了一首歌，婉转动听，锅里面出现了一大块软绵绵的蛋糕……①

---

①恰当而灵动的拟声词让故事如乐曲般优美动听。

原来，声音也可以吃呀。声音的味道真好！动物们一边享受着美妙的音乐，一边大快朵颐，开心极啦！

编辑有话说：

我们品尝到美食时，有时会好似听到了美妙的音乐。这便是通感。小作者在此基础上发挥奇思妙想，讲述了一个既动听又美味的童话，带给读者温暖与快乐。

玩具大冒险

○房文昕

深夜，人们都睡觉了，玩具房里却传来阵阵声响——原来是玩具们在玩耍呢！

玩具熊丹丹和玩具鼠丸子在快乐地跳舞，玩具汽车和玩具飞机在比赛谁的速度更快，弹簧狗和草莓兔在讨论它们的小主人今天做了什么……

突然，丸子不小心掉出窗外，被一只大黄狗吞进了肚子！丹丹急得团团转，忍不住大哭起来。其他玩具见状，都过来安慰丹丹。

草莓兔出了一个主意："大家不要着急，我们可以合力救出丸子。在一个玩具的身上系上绳索，其他玩具想办法让大黄狗张嘴，让系绳索的玩具跳进去寻找丸子，最后我们再把它俩拉上来。怎么样？"大家异口同声地说："这个方法太棒了，我们快去救丸子吧！"可是，谁跳进大黄狗的肚子里找丸子呢？大家犯了难。

丹丹自告奋勇地说："我去！丸子是我最好的朋友，我一定要把它救出来！"

大家找来一根长长的绳子，一头系在丹丹身上，另一头系在一根棍子上。一切准备就绪，草莓兔向大黄狗扔了一颗石子，玩具汽车朝大黄狗的肚子狠狠撞去，大黄狗疼得大叫起来。丹丹趁机跳进了它的嘴巴。

大黄狗的肚子里黑漆漆的。丹丹按了一下自己胸前的按钮，小灯瞬间点亮了。它小心翼翼地在一块块食物上挪动，仔细地搜索，却始终没有见到丸子的身影。

这时，丹丹忽然想起小主人害怕找不到丸子，曾在它的头顶装了一个发光装置。想到这里，丹丹关掉胸前的小灯，果然在一处不起眼的角落发现了微弱的灯光。丹丹开心地大喊："丸子，我来救你了！"丸子听到丹丹的呼唤，虚弱地回应道："丹丹，我在这里。"丹丹兴奋地跑过去，抱起丸子，把绳子系在它的身上。

与此同时，守在绳子另一端的玩具们忍不住提醒："丹丹，你找到丸子了吗？大黄狗的胃壁随时会分泌胃酸，你要抓紧时间呀！"

伙伴们的话让丹丹紧张起来。它大声回应道："找到啦，大家往上拉吧！"话音刚落，丹丹就不小心碰到了黏稠的黄色液体——大黄狗的胃酸！①一股疼痛袭来。此时，外面的伙伴们开始使劲儿拉绳子，可丹丹和丸子实在太重了，绳子上升的速度非常慢。更糟糕的是，绳子由于胃酸的作用有断裂的迹象。丹丹毫不犹豫地解开系在自己身上的绳子，掉回了大黄狗的肚子。

丸子得救了，可丹丹仍留在大黄狗的肚子里，怎么办呢？

幸运的是，丹丹并没有掉进大黄狗的胃部深处，而是落到了一个易拉罐上——这只大黄狗还真不挑食。然而，危机并没有解除，胃酸在持续分泌。丹丹只能在众多食物残渣中跳来跳去，并瞅准机会往上爬——只要有一丁点儿失误，它就有可能没命！②

终于，伙伴们再次成功让大黄狗张开嘴巴，扔下了绳子。丹丹一把抓住绳子。玩具们见状，立即拼命往上拉，终于把丹丹救了出来。获救的丹丹与伙伴们抱成一团，放声大哭起来。

---

①巧妙运用"胃酸"的设定，使故事情节既合理，又惊险刺激。
②大黄狗的"不挑食"让丹丹的逃生过程既有生还之机，又险象环生。

清晨，小主人醒了。玩具们赶紧回到原来的位置。它们把这场大冒险牢牢地记在心里，没有对任何人讲。这件事是所有玩具心底的秘密。

编辑有话说：

我在阅读这篇童话时，不由自主地为玩具们捏了一把汗。小作者将故事搬到了一个不常见的场景——大黄狗的肚子，这让玩具们的冒险充满了很多不确定的因素，而它们的个性也因此展现得淋漓尽致。

我真羡慕你

○韩若宸

　　春天的草地毛茸茸的。小熊顺着长满三叶草的山坡滚下去，小兔紧随其后。到了山坡下，它们看着对方满身草屑的样子，笑得东倒西歪。小熊和小兔并排躺下晒太阳，渐渐止住了笑声。小兔忽然叹口气，说："小熊，我真羡慕你。你如此强壮，即使面对猛兽也不必逃跑。多威风呀！"

　　小熊翻身坐起来，眼睛瞪得大大的，吃惊地说："这有什么？你的毛又白又软，动作轻灵敏捷。我还羡慕你呢！"

　　它俩一拍即合，决定向森林女神许愿。"请帮我们互换身体吧！"听完它们的请求，森林女神笑弯了眼睛。她清了清嗓子，严肃地说："你们的愿望会实现的，但可不要后悔！"①

　　小熊和小兔的视线被森林女神宽大的袖袍挡住。等周围

---

①作为配角的森林女神也有着鲜活的个性。

的景色再次出现时，小熊变成了小兔，小兔变成了小熊。看着对方眼中熟悉的身影，它们兴奋极了，不等适应新身体就磕磕绊绊地往家跑去。

变成小兔的小熊细嗅着身边嫩草的芬芳。忽然，它停住了脚步——小猴被折断的大树枝压住了！小熊连忙过去帮忙，可它不仅抬不动树枝，还被粗糙的树皮磨破了爪子。幸好大象路过，救出了小猴。

变成小熊的小兔不再绕路躲避猛兽。它幻想着自己保护家人后会收获多少钦羡的眼神，正暗自得意，身后突然传来一声虎哮。小兔忘了自己已经变成小熊，吓得撒腿就跑，穿越一个低矮的树洞时，还被卡在了洞口！小兔连踢带蹬，才把脑袋拔出来，在原地蒙了好一会儿。②

无心回家的小兔和小熊连夜赶到森林女神的住处，一边打着哭嗝儿，一边异口同声地恳求道："森林女神，求你帮我们恢复吧！"森林女神闻言，皱起眉头，说："想换就换，想恢复就恢复，你们把这当儿戏吗？"小熊和小兔诚恳地保证再也不会胡闹："我们再也不想成为别人了，做自己才是最好的！"森林女神这才答应把它们换回来。

---

②情节的设置合情合理，且富有戏剧性。

看着它俩互相搀扶逐渐远去的身影，森林女神打开手边的匣子，把这张新的保证书和许多泛黄的纸放在一起，自言自语道："我就知道你们俩会后悔，跟你们的长辈小时候一模一样。"

原来，每一代的小熊和小兔都是好朋友呀！

编辑有话说：

小作者的想象力十分丰富。全篇思路清晰，通过小熊和小兔的经历讲了"人人都有优点，无需羡慕别人"的道理。对于各个角色的语言、神态及动作描写妙趣横生，令人忍俊不禁。

小矮人的奇妙之旅

○ 何妍希

秋奇国的国王想帮女儿选一个聪明又善良的女婿，便在一个秋高气爽的清晨发出公告：无论是谁，只要能在五天内取到西边五百里外水晶湖里的水，我就把公主嫁给他！

小矮人看到公告后，立即备好干粮，拿上水袋，骑着一头矮脚马向西出发了。

小矮人向西走了一百里。经过一片小树林时，他发现精灵爷爷躺在路边，便赶忙上前问道："精灵爷爷，您怎么了？"

精灵爷爷答道："我被狮子袭击了，翅膀受了伤，动不了了。"

"您的家在哪里呀？我送您回去。"小矮人问。

精灵爷爷说："我住在南边，距离此地一百五十里处的精灵部落。"

小矮人有些犹豫,取水时间本来就很紧张。但思索片刻后,他觉得不能见死不救,便扶起精灵爷爷,搀着他向精灵部落走去。①

　　回到部落后,精灵爷爷得知耽误了小矮人的行程,就安排独角兽和蜂鸟陪他出发。这样可比骑马快多了。

　　第三天,小矮人来到了一座山脚下。水晶湖就在山的另一边。有个巨人正围着一口枯井转圈。巨人看到小矮人,把他拦下来,说:"小矮人,我项链上的珠子掉到井里了。我的手臂太粗,伸不进去。你只要帮我把珠子捞出来,我就放你过去。"小矮人探头看了一眼,心想:井这么深,我下去就上不来了。这可怎么办呢?他灵机一动,对巨人说:"你从衣服上拆下一根线,拿着线的一端,让蜂鸟衔着另一端穿过珠子的小孔。你抓住线的两端就可以把珠子提上来了!"巨人欣然照办,顺利拿回了珠子。为了报答小矮人,巨人送给他一只号角,说:"遇到困难时,你就吹响它,我会赶来帮你。"

　　告别巨人后,小矮人加快脚步继续赶路。眼看就要抵达水晶湖了,他却被一头饿极了的狮子拦住了去路。小矮人想

---
①小矮人的犹豫心理衬托出他的善良品质。

起了巨人的承诺，赶紧吹响号角。没过多久，巨人出现了。他一把抓起狮子，将它扔回了森林。

小矮人终于取到了水，又骑上独角兽，一刻不停地赶回秋奇国。可惜，他没有在规定时间内赶到。到了王宫后，小矮人看到精灵爷爷站在国王身边。国王说："其实根本没有人能在规定时间内取回水晶湖的水。我在一路上设置了重重考验，唯有善良、聪明、勇敢、执着的你通过了。"

就这样，小矮人如愿以偿地成了国王的女婿，和公主过上了幸福的生活。

编辑有话说：

这是一篇构思精巧、完成度很高的童话。小作者用小矮人的三段经历，分别表现了他身上的三种品质——善良、机智和勇敢。

月亮上的太阳花

○李芋墨

在遥远的月亮王国，一株名叫"阳阳"的太阳花独自生长着。这里没有太阳，只有明亮的月光和星光。尽管环境安静而优美，还有月兔陪伴，但阳阳总觉得有些孤独。

所幸还有月华——月亮精灵的领袖。他十分关心阳阳，常常为它带来关于太阳的故事和影像。可月华不知道，阳阳想看到的是真正的太阳。它幻想着太阳的温暖、光芒和力量，期许着梦寐以求的家园，就这样过了一年又一年。

直到有一天，来自地球的男孩小明乘坐太空飞船来到了月亮王国。他是一个热爱探索与冒险的孩子，对一切事物都充满好奇。小明被这株孤独却坚强的太阳花吸引，决定帮助阳阳实现愿望。①

---

①新人物出现，推动情节发展。

小明花了几天的时间研究、制作出一个特别的"月亮罐子"。这个罐子可以模拟月亮王国的环境，让阳阳在太空飞船上时也能像在故乡的土地上一样舒适。这样一来，阳阳就能像宇航员一样，乘坐太空飞船旅行了。

一场饱含祝福的告别仪式后，阳阳跟随小明离开了月亮王国，前往地球。飞船成功降落地球。阳阳终于见到了渴望已久的太阳！阳光洒在花瓣上，给予它从未有过的力量。小明把阳阳种在自家的后院里，帮它快速适应了地球的环境，开出更加亮丽的花朵。每到月圆之夜，阳阳都会用自己的花瓣反射月光，向月亮王国的朋友们发出信号。②

身在月亮王国的月华看到后，也会以闪烁的星光或形状奇特的云彩作为回应："阳阳，你看见真实的太阳了吗？"

"看到了！"阳阳恨不能让每片花瓣都闪烁耀眼的光芒。小明看到了这一切，内心深受触动。他知道，即使在不同的星球上，爱与友情也可以跨越无尽的距离。

从此以后，阳阳不仅在地球上安家落户、茁壮成长，还成为地球与月亮之间的情感纽带。它的故事随月光传回月亮王国，为无数月兔和月亮精灵带去了希望——这是小明、阳阳、

---

②有趣的设定使形象更鲜明，故事更生动。

月华共同创造的关于友情和理想的奇迹，一个让所有人都深感温暖与力量的奇迹。

编辑有话说：

本文选材别致，借人类、植物与精灵的互动联结了地球与月亮。"逐日之旅"的成功也给月球上的生灵带去了无限可能。

走错地方的雪糕棍

○王梓茉

你可能想不到，垃圾也有自己的意识！从前，它们大多挤在同一个垃圾桶里，很容易发生争执。自从"垃圾分类"的政策实施后，"垃圾世界"就和谐多了。这不，可回收垃圾桶还决定办一场"友谊交流会"呢！

废纸箱说："大家好，我是废弃的快递纸箱。一个小姑娘今天拆完快递后，就把我扔进来了。"矿泉水瓶接过话茬："很高兴认识大家！我是塑料瓶，大家可以叫我小瓶子。"玻璃制品、金属、布料们也都开开心心地做了自我介绍，只有一根木制雪糕棍安静地缩[①]在角落里，一句话也没有说。

可回收垃圾桶笑着问："你为什么不说话呢？"

雪糕棍怯生生地看了看其他垃圾，小声答道："我……

---

① 一个"缩"字突出了雪糕的胆小，用词精准。

我是木制雪糕棍。我发现大家都有各自的伙伴，只有我没有。"

大家安慰它："我们既然在一个垃圾桶里，一定会互相帮忙的。""可我不应该出现在这里！"雪糕棍急得快要哭了，"我是木制品，属于干垃圾。"

玻璃罐子很好奇："那你是怎么来到这里的？"

"一个小男孩吃完雪糕后，瞄准了干垃圾桶，想把我投进去，可是他准头不好，一下子扔歪了。我就到了这里。"雪糕棍觉得很委屈，"我不是故意走错地方的，也不是故意要给别人添麻烦。你们能帮我回到干垃圾桶吗？"

大家很同情雪糕棍的遭遇，可绞尽脑汁也想不出办法。眼看就要天亮了，清洁人员很快会带走所有垃圾。如果再不帮雪糕棍回去，就来不及了！聪明的废纸箱灵机一动，想出了一个办法："等清洁人员回收垃圾时，雪糕棍从这个垃圾桶里跳出去，这样就能被清洁人员发现了。他会把你送回干垃圾桶的。"

大家都觉得这个主意不错，但它们没想到的是——天还没亮，雪糕棍又太小，清洁人员根本没注意到它！[2]

---

[2] 清洁人员一般会在天亮之前回收垃圾。此时，居民大多在睡梦中，路上车辆少，可以减少对人们生活的影响。小作者观察得很仔细！

"风好大,地上好冷,我好害怕……"雪糕棍躺在地上呜呜地哭着,哭声传到了一个早起晨跑的年轻人的耳朵里。年轻人循着哭声找过来,只看到一根孤零零地躺在地上的雪糕棍。

"奇怪,是谁乱丢垃圾?"

他把雪糕棍捡起来,扔进了干垃圾桶。这下,雪糕棍终于回到正确的地方了。

编辑有话说:

干垃圾、湿垃圾、可回收垃圾、有害垃圾、厨余垃圾……垃圾分类让人头晕,却有利于环境保护。小作者选择用一篇童话告诉我们雪糕棍属于干垃圾,浅显易懂又富于趣味。

丑小鸭

○姜智媖

天色渐暗,弯弯的月亮露出了笑脸,星星一闪一闪的,仿佛在对我眨眼睛,窗外的景色真美丽呀!可我的书桌就没有这么美丽了——上面杂乱地摆放着文具和练习册,练习册上还有几处空白——因为今天上课时,我偷偷看童话书,没认真听讲。但我顾不上这些,因为此时此刻我只想赶紧看完《丑小鸭》。我真想知道,那只可怜的小鸭子是如何变成白天鹅的。

当我再次翻开《丑小鸭》时,一阵困意袭来。突然,"砰"的一声,一位魔法仙子出现在我眼前。她拿着魔法棒,轻轻地挥舞了一下,然后将它指向我的身体。

一道刺目的亮光闪过,我浑身发痒,身体还发出"吱嘎吱嘎"的声响。我低头一看,发现自己的脚变红了,形状也变了,像是……等等!我害怕极了,连忙向镜子里看去,却只看到一只惊慌失措的小鸭子。我想喊妈妈过来，可一张嘴竟然发出了鸭子的叫声。

这一定是魔法仙子搞的鬼！我转过头，见她正目不转睛地看着我，脸上满是笑意。我张开翅膀，正准备扑向她时，她开口说道："别生气，现在的你和过去的你没有什么不同呀！"

我反驳道："嘎嘎嘎（你胡说）！"

魔法仙子好像知道我在说什么，又说："以前的你也是一只丑小鸭。"

我否认道："嘎嘎嘎嘎（我才不是）！"

魔法仙子叹了口气，说："你的同伴总因为你的学习成绩差而嘲笑你。这和丑小鸭的遭遇很像，不是吗？"

我垂下头，不知该如何反驳。魔法仙子接着说："你和丑小鸭一样，都有机会变成白天鹅。"①

我思索了片刻，说："嘎嘎嘎嘎嘎嘎（我要怎么做呢）？"

魔法仙子没有回答，只是默默望着一个方向。然后，她的身体变成半透明，像烟雾一般消散在房间里。我顺着她的视线望去，那是我的书桌，杂乱的书桌，摆着空白练习册的

---

①通过层层铺垫，点出故事的主旨——蜕变。

书桌。突然，我意识到了什么：白天鹅不会像我这样，上课时三心二意，不认真听老师讲课……只是，已经变成丑小鸭的我，要如何改正呢？我内疚极了，把头埋进翅膀里。突然，我似乎闻到了一股熟悉的味道，那是……

"醒醒，该吃晚餐了！"有人在我耳边轻声呼唤。

我睁开眼，看到了妈妈写满了关切的脸庞，而我的手边正是那本《丑小鸭》。我看了看自己的手，我的身体回来了！难道这一切只是我的梦？我猛地坐起来，再次望向镜子。镜子里的我和之前没什么不同，还是那副熟悉的模样。其实，要说不同，也有那么一点儿不同。现在的我多了一个念头，一个关于努力成为白天鹅的念头。

编辑有话说：

每个人都有可能是丑小鸭，每个人也都有着变成白天鹅的梦想。小作者在童话故事中写出了自己对成长的理解。你呢？你在生活中也会有类似的感悟和收获吗？

聪明的小牛

○ 牛曦缘

卧牛山上有一头聪明绝顶的小牛。今天是它第一次离开家,到森林里玩耍。它高兴极了,两个黑眼珠滴溜溜地转来转去,不停打量着四周。你瞧,树叶在跳舞,发出了沙沙的声响;鸟儿在树上整齐地列队;蔚蓝的天空中,云朵在快乐地飘来飘去……似乎所有事物都在欢迎这个新来的小家伙。①

走着走着,小牛发现不远处有几丛绿油油的青草。它高兴极了,飞快地跑了过去。

---

①语言生动,极具画面感。

青草又嫩又鲜，小牛大口大口地吃着，完全沉浸在美食当中。殊不知，在大树后面，有一双眼睛正虎视眈眈地盯着小牛……没错，一只老虎盯上了它！

突然，老虎大吼一声，从大树后跳出来，那声音震得天空都"瑟瑟发抖"。小牛被这突如其来的"巨兽"吓得瘫倒在地上。大老虎慢吞吞地走到小牛身边，刻意地抖了抖身子，吹了吹胡须，假惺惺地笑着说："我已经两天没有吃东西了。对不起，只能拿你来填肚子啦！"说着，它张开了血盆大口，就要吞下小牛。

小牛被吓得直后退。情急之下，它捂住肚子，一边"哎哟哎哟"叫着，一边在地上打滚，用极其痛苦的声音对大老虎说："尊敬的老虎大王，喀喀，我得了兽流感，已经无药可治了。喀喀——今天到这里是为了见您这位'森林之王'一面。现在见到您了，我没有遗憾了。请您吃了我吧！"说完，小牛又发出一阵剧烈的咳嗽，然后轻轻地闭上了眼睛。看着这样的小牛，大老虎反而犹豫起来：到底是吃，还是不吃？大老虎陷入了深深的思考中：兽流感可是恶魔，无论哪种动物得了都是九死一生。小牛还有很多，命可只有一条呀！②

②心理描写生动有趣，为下文中老虎的选择做了铺垫。

看着老虎犹豫的样子，小牛更加卖力地满地打滚。它的身体脏兮兮的，两只眼睛通红。看到这般情景，大老虎哪里还敢吃小牛，连忙后退几米，凶巴巴地对小牛说："本大王今天就放过你。你赶紧离开我的地盘，听到了吗？"话音刚落，老虎就头也不回地跑了。

看到大老虎离开，小牛赶紧站起来，飞快地跑回了家。牛妈妈听小牛说了事情的经过，直夸它是个聪明的孩子。

编辑有话说：

真是一头聪明绝顶的小牛，用机智和勇敢化解了危机！小作者用生动的语言塑造了一头"演技派"小牛，让故事的节奏张弛有度——从一派祥和到危机四伏，经过一番缠斗后，最终化险为夷。

起飞，想象力！

当一颗流星划过

○陈逸玮

当一颗流星划过，树下传出微弱的哭声。一只小甲龙挣脱了蛋壳的束缚，来到了这个世界。

它睁开眼，看见温暖的阳光洒在干草窝里；它吸了吸鼻子，闻见青草和鲜花的香气，这美好的气息仿佛带着某种魔力，激起了它对新世界的向往；它的耳朵动了动，听见了伙伴们的欢声笑语。①

小甲龙迫不及待地想与伙伴们一起在森林里奔跑、在河流中嬉戏。然而，它瘦弱的身体根本没有那么多力气。其他伙伴要么无视它，要么嘲笑它，谁都不愿意和这么弱小的甲龙一起玩。爸爸看着失落的小甲龙，安慰道："你要多吃些

---

①用视觉、嗅觉和听觉三种不同的感官描写，生动地展现出小甲龙刚来到这个世界上的体验和感受。

东西，长长身体。"

为了尽快变强壮，小甲龙吃得比谁都多，一有空就用尾巴敲打树干，练习攻击技能。可是，几个星期过去了，它的身体和力量并没有太大的变化，它不禁心急如焚。

一天晚上，小甲龙失魂落魄地坐在它每天用尾巴敲打的那棵树旁，自言自语道："难道我注定是一只弱小、没用的甲龙吗？"话音刚落，一颗彩色的流星划过夜空。小甲龙从未见过如此美丽的流星。正目瞪口呆之时，远方传来若隐若现的声音："改变并不是一件容易的事情，需要大量时间和耐心。记住，一件事重复做一千次，必然会有所改变。"

小甲龙茅塞顿开。是呀，它才努力了几个星期而已，没有明显的进步很正常。"只要坚持到底，我一定能改变现状！"从那以后，小甲龙更加勤奋了，它没日没夜地练习。别人劝它不要白费力气，它不听；别人嘲笑它痴心妄想，它不理。它专注于自己的目标，日复一日地努力着。

有一天，森林深处突然刮起了一阵狂风，许多参天大树被连根拔起，偶尔还传来树干断裂的声音。"发生什么事了？"甲龙们惊慌不已，跑去查看，发现竟然是小甲龙在练习攻击！只见它的尾巴一甩，一阵狂风便席卷而来。森林里顿时飞沙走石，天昏地暗，被尾巴扫到的树干全都齐齐断成了两截。

再看小甲龙，它身形矫健，早已不复往日的孱弱，身上的鳞片更是坚硬无比，泛着七彩的光芒。其他甲龙惊讶不已，这还是它们瞧不起的那只小甲龙吗？

小甲龙被推选为家族领导者。它每天带领其他弱小的甲龙强身健体，还率领护卫队击退了发狂的霸王龙和想侵占甲龙领地的迅猛龙，让甲龙家族过上了和平、安宁的生活。

夜里，一颗颗流星消逝在夜空，森林里不断传来细微的声响。那是蛋壳从里面被打破的声音。

编辑有话说：

作者讲述了一个通过努力改变命运的故事，并把流星和生命的诞生结合起来，让微小的生命和浩瀚的宇宙呼应，给读者带来生命与自然息息相关的联想。与遥不可及的星空相比，生命显得如此灵动且具体，其中蕴含的无穷潜力可以创造奇迹！

"快乐"银行

○李依蓉

这天,森林电视台播出了一条广告:"快乐"银行今天开业。请把多余的快乐存在这里,在不开心的时候取出!①广告刚播完,"快乐"银行门口就排起了长队。

小兔早早来到柜台前。它今天收了很多白菜,想着马伯伯腿脚不便,便给它送去了一些。马伯伯的感谢让小兔觉得开心极了。于是,它决定把这份帮助别人的快乐存起来。小狗排在小兔的后面。它今天完成了一幅十分美丽的画,开心得嘴角上扬,打算把这份完成目标的快乐存起来。

突然,大灰狼唉声叹气地来到柜台前,说:"大家都怕我,我根本感受不到快乐。你能把它们的快乐借给我吗?"

---

①开篇的广告简单直接地介绍了"快乐"银行的功能,为下文的故事展开做足了铺垫。

柜台后的豹子职员严肃地拒绝了它："不行，每个人只能支取自己预存的快乐。你可以去帮助其他动物，和它们交朋友，相信你会获得快乐的。期待你再次光顾。"

听了豹子的话，大灰狼若有所思地走出了银行。路上，他遇到了正往家里搬玉米的熊爷爷。熊爷爷年岁已高，每走两步就要停下来歇歇。大灰狼回想起豹子的话，立刻上前把玉米搬了起来。它身强体壮，没一会儿便把玉米搬回了熊爷爷家。

熊爷爷见它累得汗水直流，便留它在家喝玉米浓汤。喝着醇香的玉米浓汤，大灰狼感受到了前所未有的快乐。后来，它经常帮其他动物搬运谷物，拥有了越来越多的朋友，也去"快乐"银行开了户，将快乐储存了起来。

自从森林里有了"快乐"银行，动物们都去帮助别人，收获快乐。森林也成了名副其实的快乐森林。

编辑有话说：

"快乐"银行中储存的快乐可真多，既有帮助别人的快乐，又有完成目标的快乐。如果来到"快乐"银行，你想储蓄什么样的快乐？

毛毛虫吉吉

○马璟雯

奇妙小镇上来了一位新成员——毛毛虫吉吉。它长相奇特，经常遭人白眼，还总被嘲讽。"真难看""真恶心"这样的话对它来说是家常便饭。可怜的吉吉只能悄悄地躲进玉米地，过着孤单的生活。

一天，一只大鸟飞到了吉吉面前。它恶狠狠地大吼道："丑陋的家伙，要不是饿极了，我才不会吃你呢！"

吉吉假装害怕地说："鸟大哥，我长得这么丑，您要是吃了我，会吃坏肚子的！告诉您一个秘密。我刚才听见几只麻雀说，在那座红屋顶的房子后面，有个米袋子漏米了。那些大米可香、可好吃了！"

"你没有骗我吧？"大鸟用轻蔑的眼神审视着吉吉，傲慢地说。

"我怎么敢欺骗您呢？"吉吉假装卑微地答道。

"那就信你一回！"说完，大鸟便头也不回地飞走了。

聪明的吉吉就这样逃过了一劫。望着大鸟离去的身影，吉吉心想：终于可以爬到香甜软糯的玉米上美餐一顿啦！它在玉米上唱着歌，跳着舞，摆出各种帅气的动作。它从来都没有像今天这样开心。

突然，吉吉感觉身体在不由自主地晃动。"咦，是地震了吗？"吉吉抬头一看，原来是妈妈口中的可怕的"两脚兽"——人类来了。这下糟了，自己要是被人类抓走可怎么办呢？

想到这里，吉吉开始默默地给自己打气。它喃喃自语道："我要冷静！妈妈说过，不管遇到什么事，都不能慌张。"它使出浑身解数，在人类面前表演才艺：前滚翻，倒挂金钩，缩成一个"小西瓜"，变成一条"波浪线"……①

这个"可怕的人类"好像看出了吉吉的心事。他轻轻地将吉吉放在掌心，温柔地说："放心吧，小毛毛虫。你这样机灵、可爱，我是不会伤害你的。你愿意做我女儿的朋友吗？她会细心呵护你，让你变得自信而美丽！"

---

①一串连续的动作描写塑造出一个可爱的毛毛虫形象。

吉吉愣住了,因为从来没有谁这般温柔地同自己说话。它高兴地点了点头。

就这样,吉吉在女孩家里住了下来。几个月后,它褪去了厚重的外衣,长出了炫丽、斑斓的翅膀。翅膀上的花纹如天空般蔚蓝,别样的蓝光映射在树叶上,渲染出美丽的色彩。

这只漂亮的蓝色蝴蝶在花海中幸福地翩翩起舞。小镇上的居民见了它,都啧啧称赞……

编辑有话说:

这篇童话的开头和结尾形成反差,颇为有趣。当毛毛虫吉吉蜕变成美丽的蓝色蝴蝶,人们对它的态度也从嫌弃转变成赞不绝口。相信每一个读完故事的人都会陷入沉思。

流浪的青花碗

○ 安睿涵

青花是一只普普通通的青花瓷碗，生活在一个富人的家里。它特别不喜欢羊膻味，但偏偏这家人很喜欢吃羊肉，经常烹制各种口味的羊肉，装在青花碗里享用。青花叫苦连天，每天都感到十分难熬。

在一个春暖花开的日子，青花偷偷地离开了。它顺着水沟漂到了一条小河中。一路上，它都在愤愤不平："主人每天都把羊肉放在我的肚子里，为什么不能放到其他碗里呢？明摆着是欺负我！"①

突然，一只脏兮兮的手把青花从水里捞了上来，原来是一个流浪汉。流浪汉如获至宝，青花也很高兴。它想：他一

---

① 青花的话稚气十足，像一个还没有长大的孩子。这段语言描写不仅塑造了角色，还为接下来的故事做了铺垫。

定会珍惜我吧？最重要的是，流浪汉不会每天吃羊肉！不仅如此，我还可以跟着他到处游走，过上自由自在的生活。

流浪汉带它来到一个小镇。每到吃饭的时候，他就一边敲着青花，一边乞讨。从此，青花过上了"叮叮当当"的生活。然而，没过多久，青花就厌倦了这种生活。流浪汉用它盛水，用它装干粮，有时候还会拿它装零钱。青花渐渐弄不清楚自己到底是谁、应该做什么。它觉得自己不应该这样稀里糊涂地过日子。

于是，青花趁流浪汉不备溜了出来。它滚到一片青草地，把自己藏起来，陷入了深深的沉思：怎样才能过上我想要的生活？第一个主人给了我优越的生活环境，但他总是强迫我做不喜欢的事；第二个主人随性又自由，但和他在一起，我仿佛失去了原本存在的意义。

"既然我是一只有想法的碗，就应该去做自己想做的事！"经过一番苦思冥想，青花终于想通了：在别人的手中，它只是一个工具，任人摆布；现在，它打算做自己！②

到底怎样才算做自己？青花一时想不出来。好在它藏匿

---

②此时的青花成长了许多。它开始思考自己到底想要什么，与故事开头相比，有了很大的变化。

的草丛很安静，让它有足够的时间琢磨这件事。就这样，青花在这里住了下来。它每天的生活很简单：在雨里洗澡，请风帮着挠痒痒，和小动物聊天，偶尔收留路过的小虫子。渐渐地，青花忘记了时间的流逝，日子就这样一天天过去。

这天，它发现自己的住处长出了几株小雏菊，吸引了许多蚂蚁、蜜蜂和蜗牛来做客。青花感到十分自豪。看着眼前熟悉又时常带给它惊喜的草丛，它突然发觉自己已经和这里融为一体。青花想：我两次离开主人，最后滚落到这片草丛安了家，这些不都是我自己的选择吗？做出选择并乐在其中，应该就是所谓的"做自己"吧！

"原来，我早就实现了自己的目标！"青花开心极了。明月高悬，草丛里传来阵阵虫鸣，仿佛在庆贺着什么。

编辑有话说：

在"青花"的身上，我们能看到许多人的影子。一个人如果没有想法与目标，就只能随波逐流或受人摆布。"我想要的是什么？""到底怎样才算做自己？"从青花思考的问题中，我们亦可得到启发。

忘恩负义的狐狸

○ 王钰焓

从前有一只狐狸。它十分狡猾，总想着不劳而获。一天，狐狸饿极了，却找不到一丁点儿食物。它想了想，来到鸡舍前，对领头的公鸡说："你们给我一个鸡蛋，我会好好保护你们，不让黄鼠狼来欺负你们。怎么样？"鸡群同意了，拿出一枚又大又圆的鸡蛋送给狐狸。

过了几天，狐狸又饿了。它摸摸肚皮，怀念起鸡蛋的美味，又来到鸡舍，用诚恳的语气说："我又饿了，请再给我一个鸡蛋吧。作为报答，我会给你们盖一间又大又舒服的新房子！"鸡群又一次答应了狐狸的请求，因为冬天要到了，它们希望能住进温暖、宽敞的新房子里。

狐狸喜滋滋地吃完鸡蛋，又在草丛里美美地睡了一觉。直到日头偏西，它才爬起来，把用木板搭的旧鸡舍拆掉，匆匆找来一些石块、茅草和竹片，胡乱搭了一个新鸡舍。新鸡舍不仅摇摇欲坠，还四处漏风。但鸡群已经无处可去，只能勉强住进去。晚上，它们挤成一团，依然被冻得瑟瑟发抖。①领头的公鸡气愤极了，决定第二天找狐狸好好算账。

谁知，狐狸天不亮就跑到山那头的黄鼠狼家。它敲开黄鼠狼家的门，神秘地说："老兄，我知道你早就想把山下的那群鸡吃掉了。现在机会来了，快跟我走吧！"

黄鼠狼打了个哈欠，将信将疑地问："什么机会啊？"

"我昨天给它们新建的鸡舍就像积木一样。"狐狸叉着腰，扬扬得意地说，"只要轻轻一推就会倒塌。我们不费吹灰之力就能吃到鲜美的鸡肉！"

黄鼠狼听后兴奋极了，跟着狐狸匆匆来到山下。鸡舍旁边有一棵白杨树，狐狸爬上去，看到鸡群正在打盹，便打了个手势，让黄鼠狼行动。

白杨树上有一位住客——喜鹊，跟领头的公鸡是朋友，也听说了狐狸的恶劣行为。它正好觅食回来，把狐狸和黄鼠狼的一举一动都看在了眼里。眼见情况危急，喜鹊亮开嗓门

---

① "喜滋滋地吃完""美美地睡了一觉""匆匆找来"等细节把狐狸贪婪又好吃懒做的形象描绘得栩栩如生。

大喊:"狐狸在这儿,大家快来抓住它!"

鸡群被喊声叫醒。公鸡马上拍打着翅膀冲出鸡舍,同伴们也纷纷跟在后面。最后一只小鸡刚跑出来,身后便传来"轰隆"一声巨响,鸡舍倒塌了。

鸡舍的主人听到声音,以为有猛兽闯入村子,端着猎枪出来查看。狐狸见状不妙,赶紧和黄鼠狼一起逃之夭夭了。②

因为轻信狐狸的甜言蜜语,鸡群差点儿付出了生命的代价。从那以后,它们明白了:凡事不能只听对方说了什么,还要看它做了什么。

编辑有话说:

这篇童话充满了讽刺和谐谑的味道。在情节推进的过程中,小作者展现出良好的叙事能力和节奏把控能力,结尾处升华主题,不失为点睛之笔。

---

②故事情节一波三折,扣人心弦之余还充满了强烈的喜剧效果。

细菌的旅行

○吴昱曈

我是一个细菌——细菌王国最调皮的小家伙。妈妈说，等我长大了，就可以去闯荡世界。可我等不了那么久，便趁她不注意溜出了家门。①

半路上，我碰到了雨滴姐姐。我坐在她的肩膀上，没一会儿工夫便落在了一条热闹非凡的大街上。啊，有趣的东西太多了！细菌王国没有的，这儿全都有。突然，一条活泼可爱的小狗闯入了我的视野。它散着步，优哉游哉。我顺势一跃，落在小狗的耳朵上。就这样，我乘坐"狗狗牌"公共汽车继续前行。

在一个名叫"宠物园"的地方，我跳下了"车"，打算

---

①用细菌作为故事主角，新奇有趣。

好好参观一番。这时，一只大手从天而降，我便趁机蹦了上去。大手的主人带我游遍了宠物园的各个角落，一直玩到晚上才恋恋不舍地离开。

晚餐时间到，没洗过的大手抓起一块牛排和一把未洗净的蔬菜就往嘴里塞。我浑身裹满了牛排的汁水，被送入了一个黑洞里。进入黑洞后，几张熟悉的面孔出现在我面前——我的几个朋友。我们一起在这个地方兴风作浪，玩得不亦乐乎。

经过我们的一番折腾，黑洞的温度逐渐升高，一群陌生的家伙向我们逼近。我见它们的举止很绅士，还以为是来和我们交朋友的呢！谁知，它们刚一站定，就向我们连连发射子弹。

不一会儿，朋友们陆续离开了我。我东躲西藏，最终藏在了黑洞门口的两个白色守门员之间的缝隙里。突然，惊雷乍起，一阵狂风骤雨袭来，我被湿润的风吹到了安全地带。②

我稍作休息，便继续去寻找下一

---

②将嘴巴比作黑洞，牙齿比作守门员，打喷嚏比作打雷和狂风骤雨，巧妙极了。

个目的地了。嘿嘿嘿！目光锐利的我又发现一个不讲卫生的小朋友……

编辑有话说：

小作者别出心裁，以细菌为主角，用生动有趣的语言描述了一场惊险刺激的冒险。更妙的是，小作者看似是在写细菌的旅途，其实要传达的是不讲卫生对身体的危害！

小柒的满月日

○徐艺浩

金色的阳光穿过树梢，洒在白杨树的枝干上。清晨的露珠晶莹剔透，摇摇欲坠地挂在树叶上，被金灿灿的阳光一照，折射出宝石般的光芒。微风拂过林间，翠绿的树叶发出"哗啦哗啦"的声响，吵醒了栖息在树上的鸟儿。①

麻雀小柒在这样美好的景色中睁开了睡眼。它醒得比往常早了许多，因为今天是它的满月日。根据麻雀一族的族规，满月日是每只小麻雀学习飞行、出巢探险的日子。

飞行！离开这个小小的鸟巢，快快乐乐、自由自在地飞行。多么美妙！

小柒平时只能坐在鸟巢里，呆呆地望着广袤的蓝天、高大的白杨树和族人匆匆飞行的身影。它喜欢听其他麻雀讲外

---
①作者对景色的描写细致入微，将清晨的美景铺展在读者眼前。

面的世界——小河、土地、湖泊……所有未曾见过的景色都令它好奇。

"今天是我的满月日，你该教我飞行啦！"小柒兴奋地对家中飞行技术最好的姐姐叫道。"好吧。"看着瘦小的小柒，姐姐有些犹豫。它担心小柒会受伤。毕竟，小麻雀第一次学习飞行时不慎摔伤是常有的事情。

然而，看着小柒期待的眼神，姐姐还是答应下来。"我先给你示范一遍，你要仔细观察飞行要领。这可不是闹着玩的，你一旦出错，可能会摔到地上，严重的话，一辈子都没法飞行了！"说完，它展开亚麻色的翅膀，跃下树枝，腾空而起，在空中绕着几棵树转了一圈，又稳稳落回树枝上。

小柒跃跃欲试，但想起姐姐的话，又不禁有些害怕。它小心翼翼地向树下望去，好高啊！它打了个冷战，转头看了看自己小小的翅膀，心里直打鼓：我真的能飞起来吗？要是飞不起来，朋友们会不会嘲笑我呀？万一把翅膀摔坏了，连家都回不了，我该怎么办？麻雀族应该不会留下不会飞的麻雀吧……②

"所有麻雀都要经历第一次飞行。如果你准备好了，就

②对小柒心理活动的描写十分生动。

试试看吧！"姐姐鼓励道。

然而，小柒仿佛听不见姐姐的话。明明刚才还迫不及待地想要飞行，去看看外面的世界，此时站在树枝上，它却紧张得一动也不敢动。

姐姐发觉了小柒的异样，有些后悔自己出于担心说了那些让小柒感到害怕的话。"梦想是美好的，但实现梦想并非易事，要付出巨大的努力和勇气，接受各种各样的挑战。如果你瞻前顾后，连尝试的勇气都没有，怎么对得起你的梦想呢？去飞吧，飞向你向往的世界！"

对啊，飞翔可是自己一直以来的梦想！这样想着，小柒的内心像气球一样，被勇气填得满满的。它深深吸了一口气，像姐姐那样跃下了树枝。

"哇！"小柒发出一声惊呼。随着身体的下落，风迎面吹在小柒的脸上，吹乱了它的羽毛。它睁开眼睛，发现外面的世界像一个无边无际的大巢，顶部是蓝色的，装饰着白色的"花朵"；底部是绿色的，点缀着许多大树……

"飞呀，快飞起来！"头顶传来了姐姐焦急的喊声，小柒这才回过神来。等等，它正在急速下落！恐惧和惊慌瞬间袭来。

"把翅膀展开！"姐姐大声提醒。小柒猛地展开翅膀，感到一股力量将身体托住。它用力拍动翅膀，身体开始向上攀升，这才长舒一口气。它会飞了！小柒略显笨拙地控制着方向，兴奋地向上飞去。

小柒先是盘旋了一会儿，掌握基本的飞行技巧后，便开始尝试更多花样：一会儿猛地俯冲，一会儿又快速上升，好不快活。回到巢中，它兴奋地跟姐姐分享自己的飞行感受。

"看来我们家又要出一位飞行好手了。"姐姐高兴地说。小柒有些不好意思地笑了。

后来，小柒果然变成了跟姐姐一样优秀的飞行家。跟其他即将迎来满月日的小麻雀分享自己的经验时，小柒说："飞行其实并不难，难的是我们要克服对未知的恐惧。只有勇敢迈出那一步，我们才有机会实现自己的梦想。"

编辑有话说：

小柒学习飞行意味着将离开安全的鸟巢，进入未知的世界。我们也一样，终有一天会长大，去直面各种恐惧。这个故事是否能让你获得更多勇气呢？

小兔子和小石头

○杨婧卓

从前，有一只非常可爱的小兔子叫可可。它的毛那么蓬松，它的眼又黑又亮，用两只爪子揉脸的动作格外灵巧，可它一个朋友都没有。原来，小兔子可可走起路来总是一跛一跛的，连躲避危险都会慢半拍。它怕引来埋怨或嘲笑，总是避开其他小动物，独自玩耍。

雨过天晴的春日，山坡上的野花抖动着身上的雨滴，虫儿们忙着准备晚餐。可可回忆起甜津津的草根味儿，从洞里小心翼翼地探出头来。①

咦，是什么东西在发光？可可循着忽明忽暗的光来到大树下，发现一块小石头正蜷缩在泥土中。可可耸耸鼻子凑上去闻了闻，小石头却突然消失不见了。可可揉了揉眼睛，以

---

①赋予野花和虫儿人的特质，为文章增色不少！

为自己看错了。

"哇，空气真新鲜，这儿可比埋在土里舒服多啦！"小石头从树干上跳下来，抖了抖身上的泥巴。可可被吓了一跳，耳朵都竖了起来，扭头就跑。小石头连忙喊道："等等，我不是故意吓唬你的，我叫海蓝。"

察觉到小石头没有恶意，可可这才放松下来。它好奇地问："你没有腿和脚，怎么能跑得那么快呢？你也没有嘴巴，是怎么说话的呢？"海蓝一蹦一跳地跟上它，笑道："哈哈，我有很多小秘密。你就当我是来这里历险的奇怪动物吧！"

海蓝对这个世界充满了好奇。看到搁浅的鱼儿，它主动去帮忙；碰到打不开果壳的松鼠，它也上前去试试；路过一个站在庄稼地里的稻草人，它问那个人一动不动会不会很累。②可可耐心地解释后，海蓝便给稻草人施加了魔法，让它能在田间散步，更好地完成看守庄稼的工作。

在可可的支持下，热心的海蓝很快就成了森林里的"开心果"。可可呢，它一面敬佩海蓝，一面担心海蓝是否还需要自己这个平凡的朋友。海蓝似乎看出了可可的想法。它展示着越来越晶莹透亮的身体，凑近可可的耳朵说："可可，

②用排比句罗列具体事例，生动体现出海蓝的热心。

要不是你帮忙，我可做不到这些，因为我的魔法只有汲取朋友的善意才能发挥作用。"

海蓝的事传到了强盗的耳朵里。他们进入森林，对海蓝围追堵截。"一会儿他们来捉我，你就赶紧跑。"海蓝叮嘱可可，"你知道我的本事，他们困不住我的！"可可紧张地说："我一定不拖累你。"可海蓝没料到，强盗的贪心永无止境——他们还想捉可可来吃呢！

眼见惊慌失措的可可就要被捉住，还没有完成历练的海蓝用尽全身的力量，发出一道耀眼的白光，钻进了可可的身体。可可的腿瞬间充满了力量，奋力一踢就蹿出了包围圈。

白光消散，被刺痛眼睛的强盗们才发现，海蓝已经变成了一块再普通不过的小石头。他们将小石头丢在地上，还故意使劲儿踩了又踩。这一切都被躲在附近的可可看在眼里。等强盗离开后，它默默将小石头捧起来，噙着泪说："你永远是我最好的朋友。以后由我来保护你，我会一直带着你，去帮助别人。"

可可编了一个网兜，整日把小石头带在身边。恢复健康的可可帮小动物们做了很多事，也慢慢了解到，小动物们从不曾厌恶它的跛脚，只是它自己从未尝试走向它们。

日子就这样一天一天地过去,忙着帮助大家的可可没有注意到,网兜里的小石头一天比一天透亮起来……

编辑有话说:

真正的友谊会让双方变得更美好。海蓝对生活的热爱和乐于助人的品质打动了可可,使它也成了一个"热心肠"。而这也给海蓝带来了新的生机。

走过四季的白梅

○杨熙辰

大雪纷飞的一天,花之使者正像往常一样巡查四方,看看花朵们有没有按时间表作息。①

突然,一朵清雅的白梅叫住花使:"您为什么非要安排我在冬天开放呢?别的花朵都擎着姹紫嫣红的花瓣争奇斗艳,只有我孤零零地在风雪中颤抖,还时常因雪落枝头被误以为没开。我想换一个热热闹闹的好季节去绽放!"

白梅刚说完就有些后悔了,因为花使是最讲规矩的,怎么可能答应它的要求呢?没想到,花使居然一口答应:"好,我带你去看看其他季节的环境。"白梅以为自己听错了,还没反应过来就被一道绿莹莹的光亮笼罩。

等白梅的视野再次变得清晰时,呼啸的冷风已被滚滚热

---

① "花之使者"这一设定富有创意,为串联不同季节提供了方便。

浪所取代。白梅惊呼道:"我不要留在夏季!天气这么热,我都要热化啦!"见白梅瞬间变得憔悴不堪,花使连忙将它带去了春季。

上有青冥之长天,下有渌水之波澜。隔着云端,白梅痴迷地俯瞰春季水乡的茫茫花海,喃喃道:"真美啊,我要是能在这个季节开放就好了。"

花使和蔼地问:"你想在春季开放吗?"

"我可以加入它们吗?"白梅大喜过望。它正准备点头,却听到河畔传来一声叹息:"唉,春天虽有百花齐放,但我更怀念和大家在白梅树下打雪仗的时候。"见白梅听得入神,花使笑着问:"你要不要看完秋季再做出决定呢?"白梅迟疑地点了点头。

转眼间,白梅又来到了秋天。麦香舞秋风,它在桥头深深嗅了一口,觉得这便是最适合它的开放时间,连忙央求花使修改时间表。这时,一个小男孩拽着爷爷的手从桥上走过,红扑扑的脸蛋上还有两个小梨涡。他骄傲地说:"花朵之中,我最爱白梅啦!老师说过,白梅不畏风雪,是高洁、坚贞的象征。很多大诗人也喜欢它!"

听到自己的名字,白梅连忙屏息凝神。爷爷宠溺地答应着:"好好好,到时候你指给爷爷看。可别把雪当作白梅哟!"小孩鼓起腮帮,本就圆滚滚的眼睛瞪得更圆,争辩道:"白梅比雪香多了,我才不会认错呢!"听到这里,白梅的最后一丝心结终于解开了。②

真拿这些人类没办法,若是没了我,他们冬天还能去哪棵树下寻香呢?总不能叫他们漫长的一冬都无花可赏吧!白梅心里这么想着,满怀歉意地对花使说:"冬季其实挺好的。别的季节都不适合我。我不想换了。"

从此,白梅再没有一丝抱怨,即使风霜凌厉,它也甘之如饴,昂首挺胸去面对。你也爱这样的白梅吗?

编辑有话说:

小作者将白梅想换季开放的前因后果交代得一清二楚。在这一过程中,白梅从期盼换季,到犹豫不决,最终下定决心,其思想转变随着情节发展层层递进。原来,能实现自我价值的季节才是最好的选择。这篇童话既有文采,又有创意,还富有哲理,真了不起呀!

---

②与前文白梅抱怨的问题相照应,使白梅改变心意变得顺理成章。

起飞，想象力！

百变超人

○李晨睿

这天，我一边看着最喜欢的童话书，一边想象着自己变成一只气球。

忽然，我脚下一轻，身体开始膨胀。慢慢地，慢慢地，我变得越来越轻，最后竟直接飘了起来。这时，我发现自己获得了一项本领——可以随意变成任何物品！

我趁大家不注意飘出窗外，来到了学校的后山。草地上，一只鸟龟正在欺负一只弱小的蚂蚁。它傲慢地说:"小东西,击败你对我来说简直轻而易举。"说完,乌龟一爪踩下。见此情形,我连忙摇身一变,化身洒水喷头,挥舞强劲的水流把乌龟掀翻在地。

乌龟被吓了一跳,起身喊道:"谁敢挑衅我?"我变成一只能言善辩的鹦鹉,淡定地飞到它面前,说:"是我。"①

小蚂蚁在旁边一个劲儿地冲我摇头,说道:"它可是无坚不摧的乌龟呀,你惹不起的。"我从容地笑道:"不管碰见谁欺负弱小,我都不会袖手旁观。"说完,我变成芭蕉扇,轻轻一扇,乌龟便远远地飞了出去。"谢谢你!"小蚂蚁感动得泪水涟涟,"要不是你,我早就被踩扁了。"

我追上失魂落魄的乌龟,变成一只蝴蝶翩然降落在它的壳上,悄声说:"今天,你仗着自己身强力壮欺负小蚂蚁。改日遇见哪个比你更强的家伙,它也能轻而易举地把你踩在脚下。将心比心,你这样做是不对的。"闻言,乌龟羞愧地

---

①穷凶极恶的乌龟和态度淡然的"我"形成鲜明的对比。

低下了头,说:"你说得对,我以后再也不欺负小动物了。"

我这才放下心来,变回气球,继续我的旅行……

编辑有话说:

这是一个新奇有趣的童话故事。读书时,小作者获取了"超能力",身随意动,依次变成各种事物。不同凡响的是,小作者在行文时融入了自己朴素的价值观,赋予乌龟和小蚂蚁灵魂,并以此引发读者共鸣,真正做到了"下笔如有神"。

不会发光的小星星

○李宇霈

　　一闪一闪亮晶晶的，不正是挂在天空中眨眼睛的小星星吗？可是，并非所有星星都会发光哟！

　　有这样一颗小星星，它不会发光，也不会飞，只能躲在草丛里，生怕被别人发现。①

　　这天，小星星在草丛里小声念叨："有没有人可以帮帮我？我想回到天上，和其他星星一起玩。"可是，它那像蚊子哼哼一样的声音太小了，根本没有人听见。就这样，它孤独地生活了很久很久。

　　终于有一天，它鼓足勇气，打算主动寻找可以帮助自己的人。可小星星已经在草丛里蹲了太久，久到甚至忘了怎么走路。

---

①开篇寥寥数语写明了主人公的特点，引起读者的阅读兴趣。

它没有气馁,"我可以爬出去!"小星星努力地爬了起来。谁知,刚从草丛里探出头,它就被炽热的阳光烤得头晕眼花。"连阳光也在考验我啊!"小星星扯过几片草叶,做成斗篷盖在身上遮阳。

没想到,斗篷太重了,压得它喘不过气来。它失望极了,心想:"也许我不应该离开草丛。就算能回到天上,又有谁会在意一颗不会闪烁的星星呢?"那之后,小星星常常用羡慕的眼光看着天空发呆。其实,它从未放弃回到天上的梦想……

一天晚上,一只小狗在草丛里蹦蹦跳跳,一不小心踩到了不会发光的星星。

"哎哟!"小狗听到声音,在草丛里翻呀翻,发现了不会发光的星星。小狗好奇地问:"你好,你是谁啊?"

小星星回答:"我是不会发光的星星。"

小狗疑惑地问:"你怎么会在这里呢?星星不是应该在天上吗?"

小星星难过地低下了头,小声说:"我不会飞,也不会发光,自然不能留在天上。"

热心的小狗一听,立马拍着胸脯说:"我来帮你。我可是修理大师，一定会让你亮起来，重新飞到天上去！"②

小星星瞪圆了眼睛，激动得直点头。于是，小狗把小星星拖回家，放到一盏灯下面。小狗还把灯打开，调到最大亮度，用灯光照耀小星星，映得自己的眼睛都睁不开。

"你吸收了光的能量，再将它释放出来，就能发光了。"小狗陪着小星星在灯下等了很久很久。它们聊着天，唱着歌，时间一点点过去，小狗累得眼皮直打架，睡了过去。小星星却怎么也睡不着，它想知道自己有没有亮起来。于是，它悄悄把灯关上，结果发现自己真的亮了起来，而且身体轻飘飘的，像要飞起来一样。

小星星高兴地叫醒了小狗，欢呼道："我能发光啦，我会飞啦！"小狗揉揉眼睛，发现小星星真的在闪闪发光。它们手拉着手，欢快地转起圈来。

天色渐暗，小星星要回到天上去了。走之前，小星星想要报答这只善良的小狗，于是问道："你有什么愿望吗？我也想帮你实现愿望。"

小狗笑着说道："我也想到天上看一看。"

---

②对话抓住不同角色的特点，刻画出了热情的小狗和自卑的小星星两种截然不同的形象。

小星星自信地说:"那还不简单!"它带着小狗飞上了天。星空在它们眼前,地球在它们身后,小星星和小狗都圆梦了。

后来,小星星留在了天上,小狗则回到了家里。它们都很想念对方。于是,小星星再次飞到那片草丛上空,小狗也跑到草丛里打滚。它们又一次相遇了,一起回忆过去,倾诉最近的烦恼。在小狗的影响下,小星星变得热情又开朗,小狗也通过小星星的描述认识了大千世界。它们相约每天都在这里玩耍。

对小星星和小狗来说,再灿烂的星空也比不上这片让友谊开始的小草丛。

编辑有话说:

不会发光就不是星星了吗?小作者通过精彩的故事告诉我们,星星永远是星星。也许它会因为一些事情而暂时失去光彩,但在朋友的帮助下,它一定会振作起来,再次闪耀。友情的力量是如此强大,鼓励着每一颗黯淡的星星走出低谷。

太阳和乌云

○ 刘佳昕

太阳很想要一个朋友，可是它太热了，风和小鸟都不想做它的朋友。

有一天，垂头丧气的太阳刚出门，就看见一朵正在哭泣的小乌云。太阳赶紧跑过去问它："你怎么了，是不是哪里不舒服呀？"

小乌云边哭边说："呜呜呜，没有朋友愿意和我一起玩。我好难过。"

"我也没有朋友。"太阳低落了一会儿，突然又高兴起来，"我们俩可以一起玩呀！"

就这样，小乌云和太阳一起玩了起来。它们在天空追逐嬉闹，好不快活。①突然，太阳惊讶地看着小乌云："咦，你

---

①语言生动，让读者不由得想象太阳和小乌云在天空中嬉戏的场景。

怎么变成白色啦?"

小乌云,不,现在应该叫小白云了。它开心地说:"因为我本来就是白云呀!谢谢你驱散了我心中的阴霾,我的好朋友。"②

编辑有话说:

这是一篇非常可爱和富有想象力的童话故事。虽然故事情节简单明了,但是小作者用生动有趣的语言展现了太阳和小乌云之间温暖的友情。

---

②结尾的转折既在意料之外,又在情理之中,让人会心一笑。

突突的愿望

○海榕熹

从前，有个叫突突的小精灵，他生活在一个没有四季的地方。每当星星划过天空，突突就会许愿，希望能看到故事书中描写的四季。

有一天，突突做了一个梦。梦里有个精灵告诉他，只要能找到四季之树，他的愿望就能实现。于是，突突收拾好行囊，踏上了寻找四季之树的旅程。①

突突翻过一座座山，穿过一条条河，遇到过凶狠的鳄鱼、善于伪装的猴子、骗人的鸽子……就在他精疲力尽，坐在地上休息时，前方突然出现了一道光。嚯，好一棵参天大树呀！突突抬头看到茂密的树叶五颜六色，闪着光芒。他灵光一闪，自言自语道："这就是四季之树吧？"光芒照到突突身上，

①设定新奇，充满童趣。

把他的疲惫一扫而光。突突快步向四季之树跑去。跑到树下的门口时，他开始深呼吸，努力让自己平静下来后，这才"咚咚咚"敲了三下门。

"谁呀？"里面传出了询问的声音。

"我是小精灵突突，我想——"

那声音打断了突突的话："是你啊，快进来吧！"突突正纳闷，四季之树的门缓缓打开，迎接他的正是梦中的那个小精灵。突突既激动又兴奋——自己马上就能实现愿望了。

春之精灵花榕带突突参观春天。他们一起走进春之门。门后，漫山遍野的花朵散发着阵阵芬芳；小鸟们你追我赶；生机勃勃的小草仰着头，随着春风轻摆；清澈的小河里，小鱼们自由自在地玩耍。

"和故事中的景色一模一样，太美啦！"突突不禁感叹道。

夏之精灵风羽带突突感受夏天。打开夏之门，一股热浪扑面而来。火辣辣的太阳炙烤着大地，连树荫下的风都是闷热的，只有森林里的小水塘最热闹，大家都泡在水里降温。突突一边用叶子当扇子，一边说："这里好热，像蒸笼一样！"

参观秋天时，秋之精灵鹿天在门口迎接突突。进入秋之门，一阵清爽的凉风吹来。突突看到了一大片金灿灿的果园，多汁的葡萄、酸甜的橘子、清香的李子和甜美的水蜜桃都成熟了。突突感叹道："秋天是凉爽的季节，也是丰收的季节！"②

突突最后参观的是冬天，带他参观冬天的是冬之精灵雪霜。"阿嚏！"一进入冬之门，突突就打了个喷嚏。他还是第一次感受到如此寒冷的风，冷得直打哆嗦。冬之精灵见状笑了起来，说道："你看，公园里挤满了小精灵。他们打雪仗、滚雪球、堆雪人，玩得可开心了。活动起来，你就不会觉得冷了！"

突突跑到雪地里玩了好一会儿才恋恋不舍地与精灵们告别："谢谢你们带我感受四季。我会永远记得善良又可爱的你们。"四季精灵挥挥手，异口同声地说："欢迎你下次再来！"

编辑有话说：

你能说出四季的特点吗？这篇童话就给了我们一个很棒的示例。可以看出，小作者是个善于观察生活、捕捉细节的人，对四季的描写细致入微，既有画面感，又有感受。四季精灵的出现更是为文章增添了许多童趣。

---

②能抓住事物的主要特征，用清新活泼、准确简练的语言表达感受。

小蜗牛的世界

○王佳欣

这天,我埋头在土地里睡得正香,突然感到泥土变得有些潮湿,便醒了过来。我使出浑身力气钻出地面,看到桃花笑红了脸,在和我打招呼;柳树摇着细长的辫子向我微笑。①在那场雨后,探出头的我好奇地打量着世界。

早上,我伴着鸟儿的歌声慢悠悠地喝清甜的露水,然后缩在壳里看书。中午,我与同伴们一起去草地里探索,竟然发现了一块小饼干,真是太开心了!晚上,我躺在玫瑰的花瓣里看天上的星星眨眼睛,然后慢慢地进入梦乡。②

下雨时,我会缩在壳里听叮叮咚咚的雨之歌;雨停了,太阳出来了,我会与同伴们一起欣赏挂在天边的彩虹。我们

---

①这不是简单的拟人句,其中还融合了桃花的颜色与柳条的形状。
②以排比句的形式展现蜗牛惬意的一天。

喜欢用牵牛花③打电话，聊最近的日子，也聊天南海北的稀罕事。

有时，我们会遇到几只骄傲的蝴蝶。它们总是嘲笑我们没有见识。对此，我只是笑笑，因为世界可以很大，无边无际；世界也可以很小，就像我生活的这片草地。

编辑有话说：

这是一篇诗意盎然的童话。小作者随性采撷大自然中的美丽画面放进文中，并用简单的文字刻画出一只可爱又有智慧的小蜗牛。

---

③将牵牛花想象成电话，十分浪漫。

小云朵的新衣裳

○周璺宸

从前，有一片小云朵。它在蓝天妈妈的怀抱中慢慢睁开双眼，观察着周围的一切：湛蓝的天空、红彤彤的太阳、绿油油的大地、蓝宝石般的海洋……它看看四周，再看看自己，只有一身纯白的棉袄，比别人单调多了。它向蓝天妈妈撒娇："妈妈，我想换上您的衣裳，可以吗？"

"没问题！"蓝天妈妈微笑着点点头。

就这样，小云朵身披蓝色的外袍，转着圈地向小白兔炫耀道："小白兔，小白兔，你看我漂亮吗？"

小白兔向四周望了望，纳闷地问："是谁在说话？"原来，换上新衣裳的小云朵和蓝天妈妈融为了一体。小白兔根本看不见它。[1]

---

[1] 意料之外、情理之中的故事走向增强了文章的可读性和艺术魅力。

小云朵有些泄气。它转念一想：蓝衣裳不行，其他颜色的衣裳也很好看呀！就这样，小云朵去找小草借绿毛衣，找太阳公公借红裙子，找小鸟借花衬衫……

　　一天过去了，它累得精疲力竭，依然没能找到一件称心如意的衣裳。小云朵忍不住哇哇大哭，白棉袄变得越来越黑——一场大雨落了下来。

　　雨过天晴，小云朵惊奇地发现自己挽着一道弯弯的彩虹。"好美呀！"蓝天妈妈赞叹道。

　　"这才是最适合我的新衣裳！"小云朵开心地摇晃，笑声如一串银铃叮咚作响。

　　抬头看，你找到那片七彩的小云朵了吗？

编辑有话说：

　　本文篇幅虽短，字里行间却跳动着童心。小作者赋予小云朵别样的生命力，让人读来饶有趣味。故事的最后，小云朵终于穿上了最适合自己的新衣裳。请你大胆展开想象，接下来，小云朵将如何应对风雨雷电的挑战，又会有怎样的奇遇呢？

一本童话书

○岳美伊

"啪!"扎着羊角辫的小女孩合上了《小红帽》。这本童话书她早已读得滚瓜烂熟,但她知道的仅仅是书翻开时里面的故事。①

小女孩放下书便走了。原本漆黑一片的书里开始变亮,文字也扭动、聚集起来。最后,在"叮"的一声后,一个小女孩出现了。接着,大灰狼、森林、小兔子、小木屋都出现了。是的,你没有猜错,那个小女孩就是小红帽,可她好像不太高兴。

"终于不用戴这顶帽子了。"小红帽一把扯下帽子,"我不想再演戏了,我要去参加赛车比赛!"一旁的大灰狼安慰道:

---

① "一石激起千层浪"的开篇,吸引读者迫不及待地读下去。

"不要这么激动,作者创造了我们,我们得感谢他。"小红帽烦躁地整理了一下头发,戴上心爱的黑色头盔,骑上红色摩托,一脚油门冲了出去,留下大灰狼站在原地,被尘土呛得直咳嗽。

这才是真正的小红帽。但只要有人打开书,她和书里的其他角色就会失去自由,只能根据情节按部就班地表演。当书合上之后,各个角色才能重获自由,大灰狼一改凶残的性格,小红帽也卸下了温柔可爱的"包装"。②

大灰狼正在专心画画,小红帽骑着摩托回来了,车座上还有一个奖杯。小红帽兴奋异常,喊道:"我不想过这种没有自由的生活了。东区已经聚集了很多人,包括白雪公主在内的知名角色都聚在一起商讨出逃计划。你要参加吗?"这个消息让大灰狼震撼不已,甚至没有察觉到笔掉到了地上。足足半刻钟后,它才挤出一个"不"字,小红帽没等它说完就扬长而去。

出逃行动开始了!童话书因为角色的逃走,出现了大大小小的漏洞。眼看着童话书变得遍体鳞伤,大灰狼只能想尽

---

②小红帽与大灰狼在书被打开与合上时,性格反差极大,这种人物设定让故事充满了戏剧性。

办法缝缝补补。可因为人手不足，时间又很仓促，一些古怪的角色出现了：爱吃红烧肉的兔子、懒惰的蜜蜂、狡猾的狗狗……

这时，扎着羊角辫的女孩又一次打开了《小红帽》，惊讶地发现故事变了。她合上书本，再次打开，故事又发生了改变。这本《小红帽》成了一本常读常新的书，每次都有新的故事在等着女孩。

"这很有趣，不是吗？"躲在窗帘后的小红帽自言自语道。她看着读得津津有味的小女孩，露出了神秘的笑容。

编辑有话说：

这篇童话堪称"奇文"。一奇小作者的"脑洞"之大，将一本书玩出了新花样；二奇故事情节，不落俗套，出奇制胜；三奇结尾之妙，"神秘的笑容"让这个故事又有了新的可能性。

一只有梦想的碗

○曾语墨

冷清的饭店里有一个大橱柜，橱柜深处住着一只名叫"小小"的碗。它一直待在这里，感觉身上都要发霉了。①

它太无聊了，更不甘心就这样被废弃。一天夜里，小小叫上筷子兄弟，悄悄推开后门，准备追求自由，实现自己的价值。它们先来到小溪旁的水坑。小小"咚"的一声跳进水中，筷子兄弟紧随其后。

它们在水中尽情玩耍，把发霉的身体洗得干干净净，然后踏上了周游世界的旅途。它们走了很久很久，来到了一片大森林。筷子兄弟第一次看见如此美丽的森林，兴奋地拍了拍小小的脑袋，拍出了"叮叮咚咚"的歌声，吸引了许多小

---

①小小一直待在橱柜深处，从侧面印证了饭店的冷清，这种描写非常巧妙。

动物。②

　　玩了几天，小小渐渐觉得没意思了，想找一份工作来实现自己的价值。大家一拍即合。可惜，它们走遍森林都没找到合适的工作，小小因此有些打退堂鼓。

　　这时，一只小勺子发现了三个失落的小伙伴，跑来问："你们在找工作吗？"小小点了点头。小勺子热情地邀请它们："我在森林里办了个乐队，你们有兴趣加入吗？"小小和筷子兄弟高兴极了，连忙点头答应。

　　就这样，森林乐队成立了。小小凭借和筷子兄弟的默契配合成了乐队的主心骨。它们到处参加比赛，还举办了全国巡回演出，成了家喻户晓的"大明星"呢！

编辑有话说：

　　当小小推开碗柜门时，它应该也没有想到自己能成为万众瞩目的"大明星"。正是因为它拥有敢于踏出第一步的勇气，发现了自己的长处，还学会与别人配合，才实现了自己的梦想。

②小小与筷子兄弟配合，奏出动听的声音，为它们后面加入乐队埋下伏笔。

作业大王的惩罚

○ 黄瑾萱

"小女孩蓉蓉只好走进了山洞，可身后有一个影子悄悄跟了上去……"阿豆看小说正看到高潮部分，妈妈的声音从门外传了进来："阿豆，吃饭了。吃完饭快去写作业！"

阿豆不舍得离开小说，便跟妈妈商量："我可以不吃饭、不写作业吗？"

"当然不可以！"妈妈严厉地拒绝了。

阿豆叹了一口气，恋恋不舍地摸了摸小说的封面，心想：看来只好等写作业的时候再偷偷看书了。

阿豆今年十二岁，是个资深小说爱好者。他很不喜欢写作业——既无聊，又耽误自己看小说！

这天，当阿豆没写完作业就准备看小说时，书中竟然发出耀眼的强光，照得阿豆睁不开眼睛。强光很快消失了，一个小女孩走了出来。"我叫蓉蓉,是这本小说的主人公。我不想整天待在小说里了,你愿意代替我吗?"

这可是阿豆梦寐以求的事!他不假思索地答应下来。不过,他还有一个疑问,小说那么有趣,蓉蓉为什么想离开呢?

蓉蓉叹了口气,怜悯地看着阿豆,说:"你很快就会知道了,希望你不要后悔。"①

"我绝对不会后悔!"阿豆信心满满地跳进小说里。就这样,他成了小说的主人公——勇士阿豆。

起初,阿豆很开心。他能上天入地,根据小说的情节进行刺激的探险,可日子一长,他就感到无比厌倦和烦躁,甚至有点儿恶心,他仰天喊道:"每天都要完成同样的任务,走同样的路,遇到同样的人,这和完成作业有什么区别?"

阿豆的话音刚落,一个巨人从天而降,重重地落在地面上,发出"轰"的一声巨响。巨人长得很奇怪,身体由数不清的作业本堆叠而成。他严肃地对阿豆说:"我是作业大王。因为你不好好写作业,所以把你关在这里,让你日复一日重复小说里的内容——这是我对你的惩罚。"巨人说完,转身就走,

---

① 蓉蓉的反应制造了悬念,让人忍不住往下读,同时也为下文阿豆后悔埋下伏笔。

没给阿豆一丁点儿后悔的机会。

阿豆目瞪口呆，急忙追上去。他一边跑一边喊："请让我回到现实世界吧，我不想再重复这样的生活了！"

他怎么也追不上巨人，最后瘫坐在地上哇哇大哭起来，嚷着："我要回家，我要回家，我会好好写作业的，呜呜呜……"②

突然，一个熟悉而又亲切的声音响起："阿豆，快醒醒，该上学了。"

阿豆睁开眼睛，这才意识到自己只是做了一个梦。他心有余悸地拍了拍胸口，心想：作业巨人的惩罚太可怕了！我以后一定认真写作业，写完后再看小说。

编辑有话说：

对学生来说，按时完成作业很重要，适当的休闲娱乐也很重要，两者缺一不可，这就叫劳逸结合。小作者用奇幻的设定讲清这个道理，还带给我们充满趣味的阅读体验。

---

② 一连串动作描写渲染出急切的氛围，阿豆着急的样子仿佛就呈现在眼前。

主角设定不能"崩"

○于海涵

主角是你展开想象、构思童话的基础。你的主角几岁了？他是人类吗？除此之外，主角的性别、身材、容貌等设定也都与童话的情节息息相关。当灰姑娘变成灰王子，舞会中的浪漫相遇可能变成一场乌龙；当小红帽变成强壮的大红帽猎人，狼恐怕根本不敢出现在他面前！

设定有创意

【例一】

"请问，你是月亮吗？"天花板上的白炽灯刚从长长的睡眠中醒来，听到这个声音，过了好半天才反应过来，这句话可能是对它说的。

它寻找着声音的来源，很快就在一个柜子的脚边找到了声音的主人。

是一个柿子核,边上还有一堆被啃得乱七八糟的果皮。白炽灯一下明白过来,准是哪只老鼠偷来一个柿子,大快朵颐后没有"销赃"就溜走了。

——"养个童话当宠物"系列之《地下室里的月亮》

范例分析:

一个富有创意的主角设定必定会为故事增色不少:《成为甜点师的熊》里的主角熊研发出了无法被模仿的充满爱意的甜品;《碗里藏着一首歌》的主角则是一只看似普通的白瓷碗,它初心不改,打磨出一首月光的旋律;在《地下室里的月亮》中,连一个柿子核也能做童话的主角呢!

设定有逻辑

为了立住主角的人设,你可以在完成物种、年龄和性别等基础设定后,思考他内在的性格特征,再据此完善其外貌设定。如果你的朋友是一个桃花妖,她会是什么模样呢?快来看看下面这段描写吧!

【例二】

愣了片刻,她走出来,长长的头发软软地披散着,面颊红润,眼眸墨软,一身浅桃红色的长衫,宽大的袖口几乎要垂到地面。那层淡淡的桃红是怎样的颜色啊,像是用池水的波纹一层一层镀上去的，只有在花瓣上才能看到这样美丽的色泽。

她走近了，直看着我，让我都有点不好意思了。她说："你是林子那边的孩子？"声音像花瓣飘落水面一样浅淡。

——"养个童话当宠物"系列之《地下室里的月亮》

范例分析：

通常，主角的外在与内在的设定是吻合的。在这段范例中，柔顺的长发、温软的眼眸和浅淡的嗓音都能体现出桃花妖温柔、善良的性格。因为她是妖精，年纪可能很大了，所以作者便为她"穿"上了宽袍大袖的古代长衫；又因她从桃花中诞生，所以她的脸庞和衣裳都是桃红色的，这可真是独具匠心呀！

"挖"个故事场景

○杨靖雅

很多童话的叙事从描述一个场景开始。读者"入场"后，就进入了作者想象的世界，新奇的体验和探索也就开始了。你希望自己的童话故事发生在哪里？你知道哪些常见或特别的童话场景？通过两个童话片段来看看童话场景的特点和分类吧！

【例一】

白雪公主走了进去，屋子里收拾得干干净净、整整齐齐，所有的东西都非常小：一张铺着白色桌布的小桌子上，摆着七只小盘子，每只盘子上都放着一把小勺子、一把小餐刀和一个小茶杯；靠墙的地方，七张小床排成一溜。样样都小巧玲珑，样样都小巧可爱。

——《白雪公主》

【例二】

住在这间屋子里,你们的笑声飘到天花板上,就会变成一颗种子,生根、发芽,开出美丽的花。笑声多了,天花板上就会有一片美丽的花园。

——"养个童话当宠物"系列之《天花板上的花园》

范例分析:

童话场景有三个特点:为人物或主旨服务,表现手法简洁且具有浪漫色彩。场景本身可以被划分为自然环境类、异世界类、生活类等。树洞、海底、岛屿属于自然环境类,妖精世界和野兽王国属于异世界类,天花板与生活息息相关,未来都市则是科幻类场景。

让童话世界"活"过来

构建场景就像画画一样,你可以先在脑海中想象它的样子,再用文字将它"画"出来。

【例三】

它看起来很像一朵郁金香,不过它的叶子紧紧地抱在一起,好像仍旧是一个花苞似的。女人在那美丽的、黄而带红的花瓣上吻了一下,花忽然噼啪一声,开放了。人们现在可以看出,这是一朵真正的郁金香。但是在这朵花的正中央,在那根绿色的雌蕊上面，坐着一位娇小的姑娘。

——《拇指姑娘》

要素补充

如果花苞里有一个小城镇，它会是什么样子的呢？

房屋：是花蕊的颜色

河流：是甜的

天空：是粉色的

氛围营造

破旧阴暗的城堡里有什么景物？

A. 被精心打理的花园   B. 老鼠

C. 蜘蛛网   D. 干净柔顺的地毯

城堡里应该有怎样的角色？

A. 恶毒的女巫   B. 善良的公主

C. 暴躁的怪物   D. 慈祥的皇后

179

场景的运用

你知道吗？不同的场景可以塑造不同的人物形象，进而产生不同的命运和情节。

如果故事一开始白雪公主在农场长大，她的形象、性格和经历会有什么不同？你可以试着从以下几个方面进行思考。

1. 作为公主的她为什么会出现在农场？

2. 她是怎样长大的？

3. 她有什么特别的地方？（可以结合场景限定的条件）

4. 她身边有哪些人，又会遇到哪些人呢？

5. 她会有什么奇遇，又会如何影响她的命运呢？

你发现了吗？有了人物和场景，故事的脉络和情节就可以在补充其合理性的过程中产生。

第一式：插翅能飞式

现在，我们已经明确了童话场景的特点和分类，也知悉了场景在整篇故事中的重要作用。接下来，该学习如何构造精彩的童话场景啦！

【例四】

老电影院，我怎么看都觉得它是一个老爷爷或者老奶奶。两层楼高，粗糙泛黄的大理石墙，大红色的木门、木窗子上的漆早都褪色剥落了，活像我爷爷脸上的斑痕。门边竖着一块小黑板……

——"养个童话当宠物"系列之《地下室里的月亮》

范例分析：

作者对老电影院外观的描述带有强烈的故事性，而最能体现童话色彩的要数小黑板上标注的三类电影票，其中一类是"山茶树叶"。老电影院在这个故事中最大的特点是能够接受假扮成人的动物来看电影。

第二式：另有所图式

不同场景可以发挥不同的作用。我们构思文章时要善于运用场景，让每个场景的存在都有意义。

【例五】

逛着逛着，最后，她来到一座古钟楼前。在这里，她看见有一扇奇怪的小门，于是就转动锁里生锈的钥匙，打开门，走进一间小房间。房间里有一个老太太坐在纺车旁，手里拿着纺锤在快乐地纺着线。

——《睡美人》

【例六】

小红帽抬起头，看见阳光在树林间跳跃，盛开的鲜花在风中摇曳，彩蝶在阳光下翩翩起舞。

——《小红帽》

【例七】

我家天花板上居然长满了花花草草！就像一个荒废了大半的花园，草叶杂乱无章地向下生长着，我们头顶上的这一片几乎全枯萎了。

……

没过几天，我们家天花板上的花园又是一片花团锦簇了。

现在，一有空，我们一家就喜欢坐在客厅的沙发上，仰头欣赏着花园里的花。这一刻可真惬意啊，就在我这么想着的时候，一丛绿茸茸的草在天花板上冒了出来。

——"养个童话当宠物"系列之《天花板上的花园》

范例分析：

情况的危险可以通过场景设定，人物的心情可以通过场景表达，主题的刻画可以通过场景体现。

第三式：注入文采式

首先，你可以按照最吸睛的景物、周围的景物、远处的景物、声音方向的景物等顺序进行描写。其次，你要记得"有动静"，即在环境描写中有动有静，以动衬静；化静为动，化动为静。

【例八】

左边第一个抽屉里铺了一层树叶。朋友下意识地把手伸进抽屉，轻轻拨开树叶——她屏住了呼吸：那底下居然是空的，抽屉的底板不见了！

当看清树叶底下是什么之后，她不由得抬头环顾一下四周，确定自己还在房间里，才按压住心跳，缓口气，继续向下看去——

这层树叶一定来自一棵苹果树最低的枝丫，从这里可以看到褐色树干的一侧。再往下，在明媚得有些耀眼的阳光里，可以清晰地看见半隐入地里的树根，葱葱郁郁的草地。

——"养个童话当宠物"系列之《地下室里的月亮》

【例九】

离开了桃林，离开了山里，半空中，鸟儿们带我飞得很快，一抹抹绿在脚下划过，连成了一片斑斓。

——"养个童话当宠物"系列之《地下室里的月亮》

种下时间的"种子"

○纪美玲

如何在童话中展现时间的变化？除了直接表达，你也可以尝试用景物描写代替时间用词。让我们通过几个例子来了解一下一天和一年中的时间描写技巧吧！

一日三时法

确定时间，选取景色。

抓住特征，细致观察。

展开想象，情景交融。

【例一】

这天傍晚，城市的天空迎来了有史以来最壮观的一次火烧云——所有的云醒来后，发现自己居然在白天的天空中睡着了，让城市里的人看到了自己的梦，都羞得满面通红。

——"养个童话当宠物"系列之《地下室里的月亮》

范例分析：

作者在确定故事的时间后，选用代表性的景色——火烧云展开描写，与此同时，将景物拟人，还把火烧云的红色、橘色与羞涩的心情联系起来。

一年四季法

1. 巧选代表景物

确定时间，选取景物。

看、闻、触、听，综合表现。

把握顺序，写出层次。

【例二】

属于春天的最后几个日子，阳光伴着几缕花香，仿佛揉一揉就要化开似的。蒲公英随云朵一起吹散在风里。

——"养个童话当宠物"系列之《故事躲在棉被里》

范例分析：

故事发生在暮春，作者选用"浓郁的花香""花期在4到9月的蒲公英"以及"轻轻吹向花朵的春风"这些典型景物，带着我们走进春季的最后几天。

2. 写出季节更替

确定故事跨度，把握景色变化对比。

根据时间变化，描写景色不同状态。

【例三】

去年的冬天格外冷，到现在山里头还像被冻住了一样，到处都冷冷清清的，看不到一点儿新绿。正想着，空中落下点点白色，又飘起雪花来。

……

刚出发不久，坐在离司机先生最近的一个女孩子突然说道："叔叔，请开快一点儿。"

"不行呀，"司机先生回答说，"现在还下着小雪，看不清路。"

车驶在了山路上，被积雪压弯的树枝低垂下来，擦着车顶，发出咔嚓咔嚓的刺耳声响，司机先生不得不让车慢下来。

……

奇迹似的，司机先生看到，车前方的路又落上了一层薄薄的光，像一条长长的金色毯子覆盖在上面。

……

光芒中，山里的树木上飘起了云霞似的花，冒出了点点新绿，山里的春天就在这一刻到来了。

——"养个童话当宠物"系列之《预订一场雨》

范例分析:

故事从冬夜开始,到春天来临的这一刻结束。通过"冷清到飘起了花""看不到新绿"到"结出嫩芽"的对比,我们也得以感知季节的交替和故事情节的发展。

3. 侧面描写特点

侧面描写是指通过对周围人物或环境的描绘来表现所要描写的对象。描写景物特点,以景交代时间;描写人物表现,以人点明时令。

【例四】

因为风的脾气,可最是古怪多变的。你不知道哪个微小的举动就会惊着它,更不知道受了惊的风会做出什么事来。悄悄地进入山林,你们在一棵树上发现了风。这是一棵多么幸运的树呀,它给风唱了一首歌,沙沙沙,风就送了它一件金色的披风。它可是这片山林中第一棵穿了金色披风的大树呀!风的尾巴扫过街角,街上的人们手足无措,他们从没见过这么急、这么慌乱的一阵风!"把假发还给我!"一个中年男人捂住自己冰凉的头顶朝秋风喊道。"宝贝,快把围巾戴好,不然坏脾气的风会害得你不停地打喷嚏!"妈妈瞪了一眼跑过的风,用围巾裹住她的女儿,可那个小女孩眼睛亮闪闪的,分明是想去跟风赛跑,玩个痛快。

——《三国漫话作文》

范例分析：

看完这个文段，你知道文中写的是哪个季节的风吗？通过"金色的披风"可以知道该文段描写的是秋季的风。

画座"故事山"

○纪美玲

有了人物、场景和时间之后,我们就可以为童话设计大纲了。现在就让我们从人物推进、环境促进、结局倒推和任务驱动四个方面,根据"故事山"的走势设计故事大纲吧!

人物推进

以人物推进情节要注意突出主要人物的性格,并且在人物行为发生改变的同时带动情节发展。

【例一】

①我因自己的坏脾气而交不到朋友。

②我闯进林子,遇到一个妖精。为了从她那里得到玻璃珠,我经常去林子里陪她下棋。

③我在她的陪伴下感受到了爱和友谊。

④我得知她要离开,慌了神,却没有勇气表达不舍。

⑤我用玻璃珠换得见妖精最后一面的机会，和她好好地道了别。

⑥我能够用真诚换来一个朋友。

⑦只有用真心，才能收获一段珍贵的友谊。

——"养个童话当宠物"系列之《地下室里的月亮》

范例分析：

《妖精的跳棋》是一篇关于友情的童话。次要人物桃花妖的离开促使主人公——坏脾气的小女孩正视自己的内心。通过人物的改变来推动情节发展，也让我们通过故事收获了"真心才能换得真心"的道理。

环境促进

以环境促进情节有三个要点：转换地点，确定景物变化；描写景物，引起人物关注；描写心理，引出人物活动，推动故事发展。

【例二】

①有人用一枚金币请乌云下雨。

②乌云们成立了公司，以至于世界上所有的雨都得花钱预定。

③小乌云发现它最喜欢的花园里的花都枯萎了。

④小乌云在花园里痛痛快快地下了场雨。

⑤乌云们去所有缺水、雇不起乌云的地方下雨。

⑥比金钱更重要的是帮助生命绽放。

——"养个童话当宠物"系列之《预订一场雨》

范例分析：

《预订一场雨》是一篇引导读者思考人生意义的童话。乌云们忙着赚钱，却忽略了贫穷老奶奶的花园同样需要雨水。在看到枯萎的花园后，乌云们才发现，金币对于自己来说并不重要，重要的是让世间万物得到浇灌，让生命绽放。

结局倒推

童话中的人物要达成什么目标？为了实现目标要进行怎样的行动？会遇到哪些障碍？结局又当如何？你可以先假设好这些节点，再对具体的情节进行完善。

【例三】

主题：信件传递着人与人之间的思念与祝福。

人物：果果、果果奶奶、同学们和信件精灵。

结局假设：成功拯救信件精灵。

行动：同学们响应果果的号召一起写信；奶奶启发果果找到拯救信件精灵的方法。

结局假设：信件精灵消失了。

行动：没有人同果果一起写信；奶奶坚持写纸质信的习惯，没能和果果一起发现拯救信件精灵的方法。

——"养个童话当宠物"系列之《预订一场雨》

范例分析：

作者在构思《拯救信件精灵》这篇故事时，一定已经设计好故事的结局——信件精灵会被拯救。由结局倒推故事的发展，果果的坚持、同学的加入、奶奶的点拨也就随之发生了。

任务驱动

所谓的任务驱动，指的其实就是以人物触发任务为故事的开始，构思人物应该如何完成任务。思考任务目标是什么？有没有工具可以利用或从别处获取帮助？工具或帮助来自哪里？怎么做才能完成任务？

【例四】

①风得知霏霏的云走丢了。风告诉霏霏，可以让云都睡着，通过形状来判断哪一朵是霏霏的云。

②风联合树演奏了一首为云写的催眠曲，一朵朵云倒头就睡。

③霏霏靠辨认云的形状找到了自己的云。

④霏霏替风保守了演奏催眠曲的秘密。

——"养个童话当宠物"系列之《地下室里的月亮》

范例分析：

云为什么会一起沉睡，一起做梦？一切都是因为风得知了霏霏的云走丢了。它有了帮霏霏找到属于自己的那片云的任务，于是故事就这样开始了。

大变"活"人

○管慧

如何让作品里的人物变"活"？让我们从动作、语言和心理描写三个方面来看一看吧。

动作描写妙诀

分解动作，寻找动词；精选动词，连贯动作；加入修辞，突出特点。

【例一】

①小瑶看见树上有许多身影在树叶间跑来跑去。

②小瑶揉揉眼睛，瞪大了，一眼瞧见周围的樱桃树上有许多小小的身影在树叶间来回穿梭。

——"养个童话当宠物"系列之《故事躲在棉被里》

范例分析：

对比两个句子，你会发现"揉眼睛""瞪"等字眼凸显了小瑶初见小精灵时难以置信的心情；"来回穿梭"则体现了小精灵行动敏捷的特点。

【例二】

①花子走了很久，直到一个老旧而又亲切的房间出现在她面前……

②不过短短几步路，竟像是穿过了很多年的光阴似的，让花子有些拿不准究竟走了多长时间，直到一个老旧而又亲切的房间出现在她面前……

——"养个童话当宠物"系列之《天花板上的花园》

范例分析：

"走了很久"是多久呢，每位读者都有自己对时长的猜想。结合全文，此处的文本不是为了表达路程长，而是为了展示主人公花子漫长的心路历程。"短短几步路"与"走了很久"形成对比；"穿过了很多年的光阴"何尝不是花子与外婆之间相处的回忆、童年过往；"拿不准"则模糊了具体时长。

语言描写妙诀

【例三】

①樱桃精问小瑶能不能替它们保守这个秘方，这对樱桃精来说真的很重要。

②"能不能请你……"樱桃精说,"替我们保守这个秘方?它对我们樱桃精来说真的很重要。"

——"养个童话当宠物"系列之《故事躲在棉被里》

范例分析:

在进行语言描写时,尽量多让作品中的人物自己开口说话,更容易让读者产生代入感。

【例四】

"……你们好。"意识到自己闯祸了,小瑶不由得退后一步,小声说。

"你是从哪里钻出来的?!"第一只反应过来的樱桃精尖着嗓子喊起来。

——"养个童话当宠物"系列之《故事躲在棉被里》

范例分析:

在语言描写中加入角色说话时的动作、神态,并对语言进行符合人物个性化的设置,会让你笔下的人物形象更加丰满、立体。

心理描写有四式

内心独白式:想、心里念叨

幻觉描写式:似乎看见,仿佛听到

语言行动式：以动作、语言反映人物内心世界

环境衬托式：用环境变化反映不同的心情

【例一】

爸爸、妈妈和我都抬头看着那些枯萎的花，一时间什么话也说不出来。

——"养个童话当宠物"系列之《天花板上的花园》

范例分析：

这句话用动作写心理，"一时间什么话也说不出来"达到了此时无声胜有声的效果，羞愧、自责、感慨等情绪尽在不言中。

【例二】

调查员来的前几天，爷爷的忧心全写在了脸上，连话也少了。

——"养个童话当宠物"系列之《地下室里的月亮》

范例分析：

这也是"一句话没说，但却说了很多"的范例，模糊的描写给读者留足了想象空间。

【例三】

花子害怕外婆凑近了和她说话时嘴里的口气，酸酸的，

透着一股腐烂味儿。她害怕外婆像小时候那样用手摸她的头发——来城里的第一年，花子不知怎么的就注意到了，外婆的手真脏啊，指甲缝里全是黑黑的泥土，脏死了。

——"养个童话当宠物"系列之《天花板上的花园》

范例分析：

选段多次出现"害怕"二字，但这里体现的情绪其实不是怕，而是花子对外婆的嫌弃，因此原本微不足道的小事也成了大事。

【例四】

吉小姐疑惑地盯着把脸憋得通红通红的烤箱，突然意识到了什么。这只烤箱是不是感冒发烧了？

——"养个童话当宠物"系列之《地下室里的月亮》

范例分析：

表达心理描写的词汇不止于"想""心里说"，穿插使用"意识到了什么"等同义表达显得语言更加多元。